I0781653

LO QUE TODO GAY DEBE SABER

El amor nunca será equivocado

Paco Torres

Dios es todas las cosas, sabe todas las cosas y está en todas las cosas... Si Dios aborreciera algo se aborrecería a sí mismo, si Dios desaprobara algo se desaprobaría a sí mismo, si Dios ignorara algo o no comprendiera algo, simple y sencillamente no sería Dios.

Paco Torres
Autor

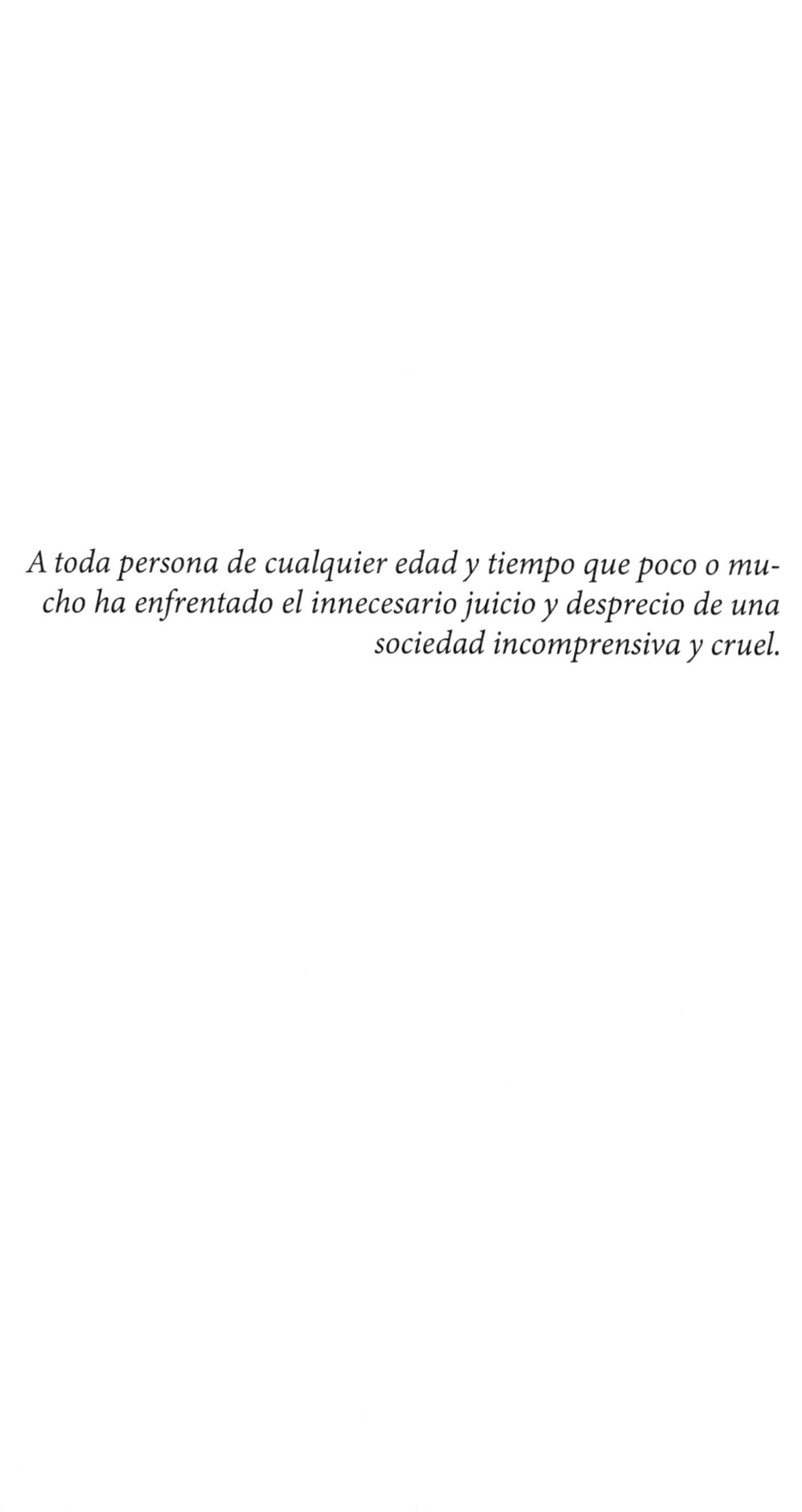

A toda persona de cualquier edad y tiempo que poco o mucho ha enfrentado el innecesario juicio y desprecio de una sociedad incomprensiva y cruel.

AGRADECIMIENTOS

13

A Dios, porque me arropó y guió en la creación y formación de este contenido. Porque me siento afortunado de transmitir su mensaje y de servir en algo a la paz y consuelo de algunos de sus hijos e hijas que acepten y comprendan el mensaje.

INTRODUCCIÓN
Lo que todo gay debe saber

Se escribió esta novela acerca de un intenso amor homosexual, al principio sin entender la misión de ser de esta historia, pero con el paso del tiempo, fui descubriendo cosas maravillosas y reveladoras acerca de este tema todavía controversial y de presencia tan marcada en las últimas décadas y hoy por hoy, un tema del día a día. Me es grato decir que conforme escribía fui descubriendo cosas que abrieron mi panorama personal y ampliaron el criterio para convivir con ideas, pensamientos y sentimientos que sinceramente, fueron revolucionando mi comprensión y manera de ver este interesante y muy a menudo incomprendido mundo LGBT.

Esta historia brinda orientación y da respuestas a muchas preguntas que se han hecho siempre y que igualmente, siempre han quedado sin respuesta. Esta novela busca que tú, que quizá estés confundido y tal vez seas desdichado(a) por no sentirte pleno(a) o aceptado(a) ni por otros ni por ti, encuentres el camino y dejes de sufrir.

También va para los padres de muchos jóvenes que, de alguna forma viven con ellos su largo proceso de descubrimiento y aceptación, para que sepan que no están solos y que ni son los primeros ni serán los últimos en vivir este muy probable doloroso proceso y por último, el mensaje también va para las personas que ya pasaron por la quizá difícil etapa de enfrentarse a sí mismos y al mundo para darse a conocer tal como son, piensan y sienten, para que una vez superada la adversidad, no se olviden de los nuevos que vienen detrás, que seguramente pasarán por las mismas experiencias con un dolor innecesario, porque mucho se puede hacer para evitarlo ya que el dolor estacionario nunca fue y nunca será el camino hacia la realización, puede ser un medio lento y áspero pero la buena noticia es que el amor nos salva y nos une en su comprensión y universalidad, no se debe demorar en hacer el cambio del dolor al amor.

Originalmente el título de este libro era: ¿Dios es gay? Pareciera una pregunta un tanto ofensiva, pero es válida en el contexto de que en el concepto que tenemos de Dios, Él es todopoderoso, omnipresente, omnisciente, etcétera., entonces, si se supone que Dios sabe todas las cosas, ¿sabe lo que es sentir, tener y en todo sentido vivir una relación homosexual? Si me dices que no, automáticamente me estás afirmando por lo menos dos cosas: la primera, que no es cierto que Dios lo sabe todo y dos, que una persona LGBT en cuanto a su experiencia y conocimiento del tema, es mayor que Dios, ¿será eso posible?

Para contestar la pregunta: ¿Dios es gay? O en otro término ¿Dios es LGBT? Y una vez reflexionando el asunto, propondré situaciones que pueden ampliarnos el panorama, aclarando que, si bien este cuestionamiento es en sí mismo llamativo y sugerente, con el mismo objetivo —de ubicarnos en una reflexión poco común— pudieran hacerse preguntas cómo: ¿Dios es borracho? ¿Dios es fumador? ¿Dios ha tenido dolores de parto? Si Dios no conoce estas experiencias y otras tantas de muchos tipos, entonces, ¿qué clase de Dios es? Francamente yo no imagino a un Dios nuestro que sea ignorante de alguna cosa— No imagino a Dios ignorante de absolutamente nada—.

CAPÍTULO 1
Como cuando conoces a alguien especial

Nando era un joven de 18 años con algunos conflictos internos, apenas veía a su mamá debido al trabajo de ambos y de su papá no sabía mucho, cuando Nando tenía 5 años los dejó a él, su mamá y sus hermanitos más chicos por irse a buscar otro rumbo, otro destino, otra vida. Al salir de la secundaria, tuvo que trabajar para ayudar con los gastos de la casa, para entonces ya empezaba a notar que tenía gustos "diferentes" a la mayoría de los chicos de su edad, si bien, le gustaban las chicas, también era inevitable sentir atracción por algunos chicos e incluso varones que por mucho rebasaban la edad que tenía él.

De esto nunca dijo nada. Llegó casi a la mayoría de edad teniendo una lucha interior entre lo que quería y debía sentir, porque su entorno inmediato jamás le permitiría tan solo expresar lo que le sucedía y a veces parecía tan complicado y difícil de vivir que llegó a ocupar su atención y atraparle en un cuestionamiento en espiral del que sentía, nunca iba a salir, *¿por qué me pasa esto? ¿Por qué soy diferente a los demás? ¿Soy un monstruo? ¿Estaré atrapado en esto para siempre? ¿Seré plenamente feliz con alguien que yo quiera libremente?*

Nando tenía novia, todos querían eso incluso a veces también él, se sentía cómodo con ella y disfrutaba su compañía, se sentía conformado aún cuando en ocasiones también se sentía una especie de hipócrita y traidor, porque estando con su novia no podía evitar observar a los hombres que pasaban y que tenían algo que definitivamente a él le gustaba ya fuera el porte, el aspecto, la personalidad, el físico o lo que fuera pero que le era inevitable dejar de notar y hasta cierto punto, disfrutar.

Para poder pagar sus estudios, Nando trabajaba como repartidor de comida rápida, tenía una motocicleta y acomodaba sus horarios para estudiar y trabajar al mismo tiempo. A sus 18 años físicamente había dejado el aspecto infantil y se había convertido en un joven alto, atractivo y atlético. Era además serio y había desarrollado una personalidad responsable y tranquila, aunque siempre en sus ojos café oscuro y muy profundos, reflejaba cierta tristeza y un enfado con la vida de lo cual no era consiente.

Un día de trabajo, Nando llevó un pedido solicitado, fue ahí que por primera vez vio a José, un hombre que le pareció por demás interesante, atractivo y de una personalidad envolvente, fue inevitable que José también notara al joven repartidor, al verse a los ojos, espontáneamente surgió en el interior de ambos un sentimiento nuevo y extraño, como si se formara un torbellino incontenible, el choque de las miradas fue como un golpe que por segundos — que parecieron una eternidad — los transportó a una dimensión de éxtasis absoluto, como si la vida celebrara ese encuentro furtivo e hiciera una fiesta en ambos corazones. Fue como el encuentro de galaxias completas en sus mentes, como cascadas poderosas fluyéndoles en el alma, algo que nunca habían sentido y que les causó un impacto inolvidable.

Nando aún sacado de onda fingió que no sintió nada, entregó y se fue de ahí, pensativo y a la vez gustoso, pero también frustrado y enojado consigo mismo por la inesperada reacción que tuvo al ver a José, ¿qué fue eso? ¿Lo habrían notado? ¿Qué significaba ese placer inexplicable tan diferente y especial al ver a ese hombre? ¿Por qué no se iba esa sensación? Al tiempo que luchaba consigo mismo porque no quería saber, no quería sentir cosas como esas, pero tampoco podía evitarlo, así, todo perplejo y confundido iba en su moto, totalmente conmocionado y con deseos fervientes de volver a ver a ese sujeto que le había causado esa impresión tan rara y extraordinaria a la vez.

Pasaban los días y no había uno solo de ellos que Nando no ansiara ir siempre a la misma dirección, sabía que ahí podía ver a José, quien para entonces ya había notado las miradas especiales de Nando y este a su vez, se dio cuenta del interés de José hacia él. Nació entre ellos una atracción poderosa, un deseo de conocerse y un gusto mutuo de sus personalidades recíprocamente atrayentes.

El problema, o los problemas eran que ninguno de los dos reconocía abiertamente sus sentimientos, los dos eran hombres, los dos con compromisos, así que, ¿qué podía pasar?

Además, había dos pequeños detalles en esto, José le doblaba la edad a Nando, tenía 40 años y, a pesar de que la mayor parte del tiempo vestía ropa casual, resultó ser un sacerdote, un célibe dedicado en cuerpo y alma a la iglesia, así que, ¿qué podía pasar?

CAPÍTULO 2
Perdidamente enamorados

El tiempo seguía su curso entre intenciones, deseos, temores y preguntas. Nando y José no se hablaban aún cuando los dos perfectamente sabían lo que entre ellos pasaba, a esas alturas ya estaban pensando siempre uno en el otro, pero entre sus conflictos individuales y sus compromisos sociales, la situación en la vida tangible, no en la de sus mentes y el mundo que entre ellos crearon, sino en lo real en lo que sí cuenta, lo que no puedes negar con la mano en la cintura, esa situación no avanzaba, no pasaba de miradas con química integrada que hablaban más que mil palabras y que al mismo tiempo, no decían nada.

José alguna vez hizo intentos de acercarse, de que se conocieran, pero Nando, aunque lo deseaba con todas sus fuerzas, no sabía cómo corresponder y de pronto, fue al revés y de repente los dos se alejaban. Y así pasaron los meses y pasaba la vida entre un mundo lleno de tanto y de mucho y a la vez lleno de absolutamente nada.

Aunque para los dos era muy intensa esa inexistente pero poderosa relación, José por sus condiciones de edad y sus obligaciones eclesiásticas buscó ayuda ya no podía controlar sus deseos por estar con Nando, pero sabía que no debía ni podía obligarlo a nada y también sabía del escándalo que se armaría si la gente se diera cuenta de que él, un dedicado sacerdote no solo era pareja de otro hombre, sino de uno que por su edad, bien podría ser su hijo.

Desde su juventud José sabía de un hombre muy afamado por sus conocimientos y experiencia, que continuamente ayudaba a las personas con sus consejos y guía, así que estaba determinado a pedirle consejo y también quería que Nando acudiera para que juntos recibieran guía y orientación acerca de lo que se podría hacer en su situación.

Después de pensarlo mucho José se decidió a hablar con Nando, primero de ellos y luego invitarlo a ir juntos a escuchar a este hombre sabio que seguramente les ayudaría a ordenar sus ideas y sus vidas, sea cual sea el orden que necesitaban implementar cada uno por su parte y también, como dos individuos ya emocionalmente involucrados entre sí.

CAPÍTULO 3
La conversación

—Necesito hablar contigo, por favor dame la oportunidad —le dijo José a Nando un día que llevó un pedido de comida hasta el escritorio donde él estaba, José se sentía profundamente nervioso, pero se atrevió a hablar aún cuando sabía perfectamente que podría ser ignorado o incluso rechazado, no sabía cuál podría ser la respuesta de Nando, eran múltiples las opciones de su reacción y cualquier cosa podía suceder.

—¿Hablar de qué señor? —respondió Nando con ceño fruncido mientras que en sus ojos se reflejaba una mezcla de alegría, confusión e incertidumbre. El hecho de que José le pidiera hablar con él, le ocasionó en fracción de segundos un brillo radiante junto con esa sonrisa involuntaria e instantánea que le nacía cada vez que veía al sacerdote y que, en este momento, desapareció instintivamente debido al temor y dudas que le ocasionó la petición.

—De nosotros —respondió José y continuó.

—De lo que nos está pasando, de lo que sentimos, necesitamos hablarlo, aclararlo yo necesito respuestas, necesito certidumbre, necesito saber qué pasará o pudiera pasar, ¿qué puedo o no puedo esperar de ti?

Se hizo un silencio que parecía eterno, mientras Nando asimilaba lo que estaba pasando y por instantes deseaba que la tierra lo tragara, no sabía qué hacer o qué decir, le sorprendió mucho que José lo detuviera y más que le pidiera hablar de su situación, cuando parecía que nada sucedía...

—No sé de qué me habla señor —por fin dijo con un claro desconcierto en su rostro, agachó la mirada porque sabía bien que estaba mintiendo, sí, sabía de lo que hablaba José, pero el decir que no, le abriría posibles caminos, le daría tiempo y la oportunidad de salir bien librado de alguna amenaza o de algún tipo de bochorno a corto o largo plazo.

—Mira Nando, sé que te llamas Nando porque viene tu nombre en las tarjetas que dejas al hacer tus entregas yo me llamo José y no te quiero presionar, por favor piénsalo y cuando estés listo dímelo, creo tener una respuesta o un camino que seguir para lo que estamos viviendo, pero obviamente solo te lo diré si tú estás interesado en saberlo, te dejo mi tarjeta, por favor dime que mínimo lo pensarás. —José puso su tarjeta en el bolso de la camisa de Nando, mientras que este le rehuía con la mirada y se limitó a asentir dudosamente con la cabeza.

Los quehaceres de cada uno y el afán natural de los días pasaban y entre José y Nando nada sucedía. Ese tiempo le sirvió como reflexión a José, quien sintió y pensó muchas cosas mientras luchaba por, en la medida de lo posible, olvidarse de Nando, pero le era tan difícil como negar su propia existencia. Nando por su parte, evitaba ir a donde sabía que José estaría, su juventud le hacía pensar que tenía todo el tiempo del mundo para corresponderle o para lo que fuera, igual su ego le convenció de que el amor de José de alguna forma estaba asegurado para cuando él quisiera, así que, entre dudar y jugar dejó pasar días y semanas, sabiendo perfectamente que sus sentimientos no solo permanecieron, sino que habían crecido desde esa primera y última vez que hablaron.

Un día de tantos, Nando extrañó mucho a José y decidió pasar por donde sabía que estaba, pero algo sintió, percibió una extraña soledad y ausencia, luego de un rato, confirmó que José no estaba, así que regresó al siguiente día y al siguiente, José no estaba ahí. Un dolor extraño nació en su pecho, era la primera vez que sentía una angustia de esa naturaleza, poco a poco le surgió un desencanto que se convirtió en un inmenso vacío, ¿dónde estaba, a dónde se fue, por qué de alguna manera no le dijo que se iría?

En su soledad lloraba, lamentaba tanto, al mismo tiempo que estaba mucho muy enojado consigo mismo por no haberse comunicado antes de que José simplemente desapareciera. Como otras tantas veces, se revolucionó en su interior y entre dolerse y justificarse, fijando su penetrante mirada entre adolorida y resentida con la vida, pensaba que era lo mejor que podía pasarle y que sería cosa de tiempo recuperarse y volver a sentirse pleno y feliz. Muchas veces pensó en mandarle un WhatsApp, de hecho escribió y borró cada vez que le intentaba enviar aunque fuera un "hola". La duda, el temor y también un poco de orgullo no le permitían accionar para hacer aquello que más anhelaba su alma, saber algo de esa persona que se había convertido en alguien tan especial e importante para él.

La iglesia local había comisionado a José en una asignación temporal de seis meses y se acercaba el tiempo de regresar, todo ese tiempo no podía dejar de pensar en Nando, sentía que lo amaba de verdad. Sin embargo, también recordó lo que vivió semanas antes con Julián, un chico de la provincia donde llegó a cumplir su asignación, apenas José pisó la comunidad, fue recibido por voluntarios que servían en la pequeña iglesia del lugar y justo ese día, vio y conoció a Julián, un joven de aproximadamente 25 años, de aspecto sobresaliente, hermoso y distinguido, cuando chocaron sus miradas supieron perfectamente que el gusto fue mutuo.

Eso no era tanto problema para Julián porque a esas alturas de su edad y sus circunstancias ya era un gay declarado, así que la convivencia diaria y las condiciones se prestaron para que Julián fuera la primera y hasta entonces única experiencia sexual de José, quien en un momento de debilidad y sintiéndose atraído por la belleza física de Julián, hizo a un lado todas sus creencias, convicciones y formación, pero, ¿y Nando? Esa experiencia por intensa y placentera que haya sido le sirvió a José para darse cuenta de que realmente amaba a Nando, puesto que en su momento de mayor entrega no era con Julián con quien compartía, sino que en todo instante sintió la única presencia y compañía de Nando.

—Fue una bonita experiencia. —le dijo Julián cuando se iba del cuarto—.

—Aunque pude darme cuenta que amas mucho a alguien, fue muy obvio para mí, tu cuerpo estaba aquí pero tu alma estaba en otro lado, incluso sin darte cuenta mencionaste un nombre, Nando creo o no sé y pues, por mí no te preocupes, la verdad me gustas mucho pero solo buscaba sexo.

Julián se fue con una marcada tristeza en la mirada.

José volvió en sí de sus pensamientos y recuerdos, mañana volvería a su propio lugar y lo único que pensaba y le interesaba era volver a ver a Nando, aún cuando se sentía triste y desolado porque nunca recibió un mensaje, una llamada o alguna señal que le confirmara que sí estaba interesado en él. No entendía porque de pronto Nando le comunicaba correspondencia, pero otras veces con sus actitudes negaba sus sentimientos e incluso se comportaba indiferente y hasta seco, provocándole una pena innecesaria.

CAPÍTULO 4
El reencuentro

Nando, todo el tiempo que José no estuvo cerca, lo pasó triste y con un sentimiento de vacío, aunque albergaba la esperanza de volver a verlo, también sentía cierta resignación y sentimientos encontrados entre pensar que lo mejor era no volver a verlo, pero también extrañarlo con todas sus fuerzas. Un día que pintaba para ser gris y monótono como todos, Nando llevó un pedido al lugar donde antes siempre veía a José, el simple hecho de estar ahí le causaba una gran nostalgia aunada a una tenue esperanza, así iba y cuando llegó al lugar y luego de que cambió el casco de protección de motociclista por su cachucha favorita, levantó el rostro y no podía creerlo ¡Ahí estaba José!

El reencuentro de sus almas por medio de las miradas fue algo extraordinario, emocionante e indescriptible, fue como un shock de felicidad que, al verse mutuamente rebasó las leyes que gobiernan este mundo y juntos crearon otra realidad, un mundo aparte, más grande y más absoluto que antes, donde solo existían ellos y sus sentimientos maravillosos. No querían que ese justo momento acabara porque se estaban transmitiendo toda la información sentimental que habían guardado y que necesitaban expresarse, para los ojos de uno solo existía el otro.

Sus cuerpos parecían inanimados, como suspendidos

entre el tiempo y el espacio, pero sus almas se abrazaron cálida y tiernamente. El brillo refulgente en sus miradas y sus sonrisas espontaneas e involuntarias fueron interrumpidas bruscamente por alguien que salió de un apartado del lugar.

—¡Vaya!, la comida—.

José y Nando volvieron brusca y súbitamente a la realidad, cada uno ya más consiente trataba de disimular el gusto enorme de ver al otro, José se apartó unos pasos temblando de la emoción y Nando torpemente entregaba el pedido, recibía el dinero y daba el cambio, dos veces tuvieron que corregirlo porque de la emoción y nerviosismo del momento lo daba mal. Quería salir de ahí, gritar y sacar todo el gusto de volver a ver a José, pero al mismo tiempo no quería dejar de verlo, sentía que si le daba la espalda corría el riesgo de ya no volver a verlo nunca más.

José por su parte al percibir lo que le pasaba a Nando, recibió ánimo y fortaleza, era notorio que sí sentía algo por él, el gusto que le dio al verlo, así como la certeza de que había una conexión innegable entre los dos... pero no presionaría ya era mucho con la carga emocional de tenerse frente a frente, no lo hubiera querido, pero dejaría pasar algunos días para que la situación se asentara y entonces ver qué sucedería.

Fue un viernes en la tarde después de algunos días cuando José recibió un WhatsApp de un número no conocido, dudó en abrirlo, pero lo hizo.

¿Todavía quieres hablar?

A José casi se le cayó el celular pensando que el mensaje lo envió, por fin... Nando—.

¿Nando?

Sí.

Que gusto saber de ti, sí, aún quiero y necesito hablar contigo.

También a mí me da gusto saludarte, tú dirás.

Mañana en el parque, aquí el de la colonia, a las 8:00 p.m, ¿puedes?

Sí, mañana ahí te veo.

Fue toda la conversación vía mensajes, pero inició en los dos una incertidumbre de lo que pasaría el siguiente día a las 8:00 p.m, José preparaba sus argumentos y no podía evitar pensar en que Nando podía rechazarlo y así acabaría con toda esa situación de tajo, también pensaba en la diferencia de edades y en las posibles reacciones que Nando pudiera tener por eso, pero también luchaba con sus deseos de que la unión terminara en sexo, aunque no era lo mejor, sentía una necesidad imperiosa por compartir con Nando esa experiencia, recordó cómo frecuentemente durante sus duchas imaginaba que estaba con él y hacían el amor con mucha entrega y pasión.

Pero también era cierto que su compromiso con la iglesia, su familia y la comunidad le hacían reprimirse y sentirse un monstruo, infiel a todo lo bueno y correcto que le habían enseñado, su lucha era diaria y sumamente pesada. Por su parte, Nando trataba de no hacer conclusiones anticipadas, perfectamente sabía que José era un sacerdote y que eso sería un impedimento para que existiera algo entre ellos, sin mencionar que él mismo tenía su novia y que todo mundo esperaba de él que solo tuviera relaciones "normales" y lo que se acostumbraba en hombres jóvenes de su edad, pero también era cierto que José había despertado en él sentimientos de lujuria que antes no conocía y constantemente se imaginaba estando con él en la intimidad.

Le gustaba pensar que José lo cuidaría y protegería, que de esa y otras maneras lo complementaría, sin embargo, no se sentía preparado para un cambio tan grande y radical en su vida.

Cada uno por su lado, elegía la ropa que se pondría pensando en agradarle al otro, intentaban estar presentables y listos, todo podría pasar.

CAPÍTULO 5
Confesiones

La noche se hizo larga y tediosa, ninguno de los dos podía conciliar el sueño pensando en lo que sucedería, aprovecharon el espacio para darse placer pensando en el otro, cada uno sin saberlo a la misma hora e imaginando las mismas escenas eróticas, solo así pudieron descansar ya de madrugada. El sábado llegó y sus horas se alentaban, pero por fin eran las 7:45 p.m, a esa hora, ese día ya estaba oscuro, lo nublado de toda la jornada había contribuido a eso, José llegó primero y buscó una banca alejada de la gente ya que sería una conversación muy íntima y personal.

Parecía que los minutos no pasaban, pero justo a las 8:00 p.m, Nando apareció.

A pesar del nerviosismo de ambos, trataron de estar calmados y tranquilos ya que necesitaban todos sus sentidos alerta para cada cosa que se dijera. Se saludaron de mano apretando afectuosamente y transmitiéndose confianza y seguridad ante lo que se diría, iban con una actitud abierta, dispuestos a todo, pero bueno o malo sentían cada uno por su lado que el amor saldría victorioso sucediera lo que sucediera.

José inició la conversación:

—Gracias por venir, es muy importante que hablemos, al menos para mí lo es, no sé si tú estés de acuerdo.

—Sí.

—Mira, por favor necesito que me escuches atenta y abiertamente, cuando termine lo que te voy a decir puedes comentar, preguntar o expresar lo que piensas, ¿está bien?

—Dijo José en tono serio y formal.

—Sí, sí, okey.

—Como perfectamente te das cuenta, soy un sacerdote y eso me complica un poco las cosas que necesito y debo decirte—.

—No te preocupes yo puedo entender cualquier cosa que me digas, no hay problema con eso.

Ese comentario alivió y relajó a José, quien tomando aire prosiguió:

—¡Excelente! Gracias por decirlo, créeme que lo necesitaba; pues bien, empiezo por decirte que eres muy especial e importante para mí, desde que te conocí se despertó en mí un sentimiento que me ha marcado la vida, sé que no hemos realmente convivido, pero no lo he necesitado para llegar a "estimarte". No solo a estimarte, siento que te quiero, no, no, inclusive siento que te amo y sé que suena descabellado, pero es cierto.

Dijo nerviosamente José, Nando lo escuchaba atento queriendo interrumpir, pero se reprimió el hacerlo, solo esbozó una sonrisa al escuchar eso.

José continuó: —Quizá no tengas por qué saber esto o cargar con mis cosas o quizá estés igual que yo en lo que te voy a decir. Tengo luchas internas muy fuertes en lo que siento y no debo sentir o entre lo que quiero que suceda y es correcto que suceda, ¿ves?

Te explico, desde que tenía más o menos 15 años, noté que sentía atracción tanto por hombres como por mujeres, en aquel tiempo no era un problema realmente y así viví con esto muy calladamente, mi entorno familiar es muy religioso y varios parientes son sacerdotes y otros de alguna manera están relacionados con la iglesia, en ese ambiente no fue difícil para mí tomar la decisión de convertirme en un sacerdote más en la familia, pues era lo que todos querían, con esa idea en mente nunca me relacioné con alguien románticamente porque en mi cabeza tenía firmemente metido que sería sacerdote, no te niego que de vez en cuando un cuerpo y una cara bonita alborotaba mis hormonas pero nunca pasó de eso, siempre tuve control y dominio sobre mí mismo, así fue hasta que apareciste tú, no fue solo tu aspecto físico lo que llamó poderosamente mi atención, había algo más, era como si yo supiera que te estaba esperando, ¿me explico?

La primera vez que te vi sentí cómo se revolucionó mi mundo, sentí que te conocía de toda la vida y causaste un shock existencial del que te confieso no he podido salir, entonces te vi al día siguiente y luego al otro y así te ibas metiendo cada vez más en mi mente y en mis sentimientos y he sido totalmente vulnerable a todo lo que tenga que ver contigo, esto que siento es muy, muy fuerte y ha trascendido el tiempo y la distancia y no solamente no te olvido si no que este sentimiento crece y se hace más y más fuerte. Para mí es muy especial e importante lo que siento por ti, ¿me crees?

Nando atento asimilaba lo que escuchaba, también comparó las palabras de José con su propia experiencia aún cuando por su juventud no alcanzaba a comprender exactamente lo que estaba escuchando, podía entender hasta cierto punto lo que José expresaba, se sentía asombrado y trataba de seguirle el ritmo porque de momento no esperaba tanta franqueza y sinceridad, se limitó a contestar la pregunta con respeto y sencillez:

—Creo que entiendo.

—José continuó —No sé si imaginas lo difícil que es para mí esta situación, es decir, estoy atrapado entre todo lo que se supone que debo ser y lo que siento por ti, pongo las dos situaciones en una balanza, pero lejos de ayudarme me confundo más, en parte porque no sé bien a ciencia cierta tú que piensas de mí o si sientes algo, o si soy o no correspondido.

Se hizo un silencio de unos segundos, Nando notó lágrimas en el rostro de José, mientras apretaba sus puños fuertemente, luego, con voz quebrada y con todo el sentimiento y fervor que podía expresar, dijo:

—¡Te amo tanto Nando!

Aparecieron otros pocos segundos de silencio y entonces Nando contestó:

—No puedo expresarme igual de bien como tú lo haces, siento que me faltan palabras, pero trataré lo más posible de hacerme entender. Yo igual que tú me siento muy confundido, ¿sí sabías que tengo novia? Y aunque siento que la quiero y me esfuerzo por quererla más, no he podido lograr que tú te salgas de mi mente, creo que también te amo o no sé, pero eres alguien que ocupa mis pensamientos la mayor parte del tiempo y me gustas mucho, ¿eso es amor? A veces me siento muy mal por sentir esto, por mi novia, por ti que eres un padre y por mi gente y por mí mismo. ¿Qué podemos hacer? Yo en estos momentos no sé qué es lo que quiero, solo sé que estar aquí contigo me hace sentir muy bien y la verdad no quisiera que este momento se terminara. Se hizo una pausa, pero no era incómodo, era más bien, momentos de reflexión y asimilar, lapsos de respeto por los sentimientos confrontados del uno por el otro. José rompió el silencio:

—No sabes lo feliz que me hace oírte decir lo que sientes por mí, necesitaba mucho saberlo y no solo imaginarlo o desearlo, ahora el problema es: ¿Qué hacemos con esto? ¿Tú dejarías a tu familia, novia y lo que fuera por estar conmigo?

Nando contestó con otra pregunta: —¿Tú harías eso por mí? Ninguno de los dos respondió nada, pero ambos contemplaban la posibilidad de tener una relación secreta, a escondidas y seguir con sus vidas, pero también ninguno de los dos lo propuso porque sentían que ni uno ni otro merecía eso. Los dos tenían principios lo bastante sólidos para no enredarse en mentiras, ocultamientos y fingimientos, los dos sabían que debían decidir entre renunciar a todo y empezar una vida juntos o bien despedirse para siempre y continuar con sus vidas, planes y proyectos cada uno por su lado. José retomó la palabra:

—Te voy a decir la razón por la que te cité, es algo que yo haría de todos modos, pero ahora que sé que tu situación es muy parecida a la mía... te explico. Sé de un hombre muy sabio, él fue sacerdote, pero en un punto de su vida dejó el sacerdocio para casarse y formar una familia, por supuesto que enfrentó mil cosas para lograrlo, pero ahora está feliz y no se arrepiente de absolutamente nada, creo que él puede ayudarnos a orientarnos, ¿qué dices, vamos con él? Por toda su experiencia de vida, sus estudios y su formación en psicología, siento que puede ayudarnos a tomar una buena decisión.

—Sí, creo que necesito mucho esa ayuda, claro que te acompaño.

La conversación duró solo unos minutos, fueron claros y concisos mientras que la oscuridad de la noche hizo lo propio y en ambos cuerpos surgieron las ganas naturales, los dos sentían una urgencia imperiosa por acercarse y tocarse, pero ninguno se animó a hacerlo, sería tan sencillo, pero a la vez tan extraordinariamente difícil, con cierta inocencia en su voz Nando preguntó:

—No tendremos sexo hoy ¿verdad?

La pregunta era una mezcla de deseo al mismo tiempo que de resignación, pero igual necesitaba confirmarlo para saber qué seguía en ese momento. José lo miró a los ojos profunda y directamente y le respondió:

—¡Te deseo tanto! Quisiera besarte y oler tus cabellos y abrazarte con fuerza y no soltarte nunca, pero quiero que eso sea permanente si así debe ser, no quiero que nuestro primer encuentro sea por calentura, sino siendo libres, conscientes y verdaderos, ¿me explico?

—Pues yo no tengo problema con hacerlo hoy, ahorita si quieres, pero pensándolo bien... tienes razón. No me gustaría estar contigo teniendo mi novia, ella se merece mi respeto y si habremos de estar tú y yo juntos, debemos arreglar antes todos nuestros asuntos.

Los dos asintieron y se conformaron, aún así, sus erecciones eran poderosas y demandantes, los dos con muy poca o nada de experiencia sexual hasta ese momento y la fuerza natural de sus deseos que se asomaba en latidos y pulsaciones casi incontrolables de sus miembros aún novatos pero imponentes y urgentes por sentirse.

—Si no va a pasar nada, necesito irme de aquí ya no aguanto más, nunca había sentido esto. —Dijo Nando con franqueza.

—Sí, tienes razón, solo, ¿será posible que me dejes darte un abrazo?

Nando suspiró profundo, anhelaba ese abrazo más que nada en el mundo, pero también esa cercanía lo aproximaría al precipicio, no podía garantizar que un abrazo fuera todo lo que pasaría.

—Quiero mucho ese abrazo, más que nada en la vida, pero no sé si pueda contenerme. —Dijo mientras le daba la espalda a José y trataba de disimular su poderosa erección.

José entonces lo tomó del hombro y suavemente lo volteó hacia él, lo abrazó con una fuerza sobrenatural como si quisiera convertirse en uno con él, Nando sorprendido y con sus brazos hacia abajo no se resistió y buscó la manera de abrazarlo también.

Fue un acontecimiento mágico, ese abrazo representaba meses de cariño mutuo escondido y reprimido que solo hallaba salida cuando se miraban y se transmitían ese universo de amor, no supieron cuánto tiempo duró el abrazo, ambos cerraron los ojos y se perdieron en el placer, sus penes completa y absolutamente rebosantes de vigor, de deseo y pasión parecían como rocas sólidas e inquebrantables, piedras duras y a la vez húmedas por el erotismo de sus cuerpos, que, al tocarse y luego de alinearse con la fuerza que imprimieron no soportaron más y explotaron y esa energía contenida y liberada fue para ambos un verdadero elixir paradisíaco y sublime, juntos experimentaron lo que cada uno por su lado había soñado e imaginado cada día de sus vidas desde que se miraron por primera vez.

Aún cuando no fue completa, ese abrazo simbolizó una entrega total, José quiso lentamente apartarse, pero Nando lo abrazaba con más fuerza mientras que por sentimientos encontrados ambos empezaron a llorar incesantemente, otra vez sus emociones estaban revueltas y chocando entre sí, estaban felices por su cercanía, pero aún con la incertidumbre de lo que con ellos sucedería, pero esta vez había una enorme diferencia porque estaban viviéndolo juntos. Se apartaron el uno del otro y ya de nuevo en su realidad, José besó la frente de Nando y Nando besó la mejilla derecha de José, era su despedida de ese día. Mientras José se limpiaba las lágrimas le dijo:

—Por favor, espera mi mensaje, te aviso para ir juntos con este hombre que te comento, se llama Saulo, tengo la esperanza de que el hablar con él nos será de gran ayuda.

—José, gracias por esta experiencia, quiero que sepas que también te amo y pase lo que pase, siempre serás alguien especial en mi vida.

CAPÍTULO 6
El gurú

Pocas veces se vieron José y Nando después de la conversación y el abrazo especial que se dieron. Unas semanas después todo estaba listo para verse con ese hombre de tanta experiencia y conocimiento. Un día domingo de abril, a las seis de la tarde con 43 minutos, estaban frente a su puerta.

—¿Estás listo? —Preguntó José mientras se posicionaban sobre el letrero en el piso que decía: "Bienvenidos".

—¡No! —Fue la respuesta un tanto sarcástica y en broma que Nando lanzó.

José sonrió y le dirigió una mirada de comprensión y apoyo. Tocaron la puerta y atendió una mujer de aproximadamente 55 años, rostro bondadoso y con luz en sus ojos, dijo llamarse Laura y le dio el pase a la pareja.

—Mi amor ya llegaron para tu cita. —Gritó con suavidad la amable mujer.

—¡Voy! —Respondió una voz varonil que se percibía, aunque madura, también clara y serena.

—Por favor, pónganse cómodos, los dejo solos para que platiquen. —dijo Laura y se apartó de ellos.

Mientras que José y Nando se sentaban en la sala y daban gracias, una silueta se acercaba a ellos. Se trataba de Saulo, de aproximadamente 60 años de edad, pero sorprendentemente conservado. Su porte era atlético y conforme se acercaba, dejaba ver en su rostro una luz involuntaria, sus ojos reflejaban paz y de su persona emanaba mucha tranquilidad.

—Buenas tardes bienvenidos, soy Saulo, ¿en qué les puedo servir?

—Buena tarde señor, fui yo quien habló con usted para programar la cita, me llamo José y él es Nando, he sabido de usted, que con su apoyo y orientación ha ayudado a muchas personas y quisimos venir a verlo para pedirle un consejo. Saulo los miró por unos segundos como leyendo en sus auras su historia; José y Nando se miraron entre ellos desconcertados y sintiéndose vulnerados en su intimidad.

—Veamos, un sacerdote maduro y un joven estudioso y trabajador, ambos muy apuestos y muy confundidos. Antes de empezar debo decirles que entiendo muy bien su situación y que yo puedo decirles, enseñarles o documentarles cualquier cosa, pero finalmente la decisión de estar juntos o no, es de ustedes, no hay más.

Nando preguntó asombrado y desconcertado: —Pero, ¿cómo supo nuestra situación si no hemos dicho nada?

—La vida me enseñó a leer las energías y debo de decir que sus energías individuales y también juntas son muy limpias y puras, ver eso me da confianza en que decidan lo que decidan estarán bien. Entonces, escucho atento.

—Básicamente es eso que ya ha visto, necesitamos orientación para tomar la decisión de estar juntos o no. — Dijo José inseguro pero firme a la vez.

Saulo, pensativo y determinante les dijo:

—Ya les dije lo que tenía que decirles, la decisión es solo de ustedes de común acuerdo, no deberían dejarse influenciar por nadie ya que nadie vivirá por ustedes ni sus decisiones ni sus consecuencias, lo que pudiera agregar a esto es que se hagan esas preguntas al respecto de su identidad sexual, ¿cómo me veo en 5, 10, 20 y 50 años? ¿Estoy dispuesto a luchar por lo que quiero sea una relación homosexual o una familia tradicional y en este caso, los deberes de la iglesia? Tengan en cuenta que la condición de sentir atracción por el mismo sexo no es algo que desaparecerá por arte de magia y también que todo el entusiasmo que sienten ahora el uno para el otro seguramente pasará y tal vez extrañen las vidas que han llevado hasta ahora.

Se hizo un silencio un tanto largo.

—¿Eso es todo? —Dijo Nando extrañado.

Saulo, respondió: —Básicamente sí.

—Pero eso ya lo sabíamos, necesitamos respuestas, al menos yo necesito entender cosas como, por ejemplo: ¿La homosexualidad es un pecado? ¿Un homosexual nace o se hace? ¿los homosexuales se irán al infierno sin remedio? ¿Dios no quiere a los homosexuales? ¿Estoy condenado a no ser feliz y a no tener a una familia tradicional? ¿Es normal que en ocasiones me sienta como si fuera un monstruo?

Nando expresó lo que sentía sin reparo, parecía que había ensayado sus preguntas, sin embargo, se trataba de dudas que desde hace tiempo le salieron del alma. Saulo le inspiraba confianza y seguridad, mientras pasaba por su mente su novia, su familia y el mismo José, con la mirada suplicaba ayuda y fue tanta su emoción que una lágrima rodó en su mejilla mientras bajaba el tono de su voz y agachaba la cabeza.

—Por favor, señor Saulo, le suplico, ayúdeme a entender.

Saulo y José observaban a Nando con respeto, sabían que su petición era sincera y querían hacer lo mejor para él y para todos. Se hizo un reverente silencio mientras que Saulo tocaba su mentón en actitud de meditación, cerró sus ojos por un momento como recibiendo luz de cómo manejar la situación, entonces habló:

—Voy a contestar tus preguntas una a una porque percibo sinceridad en tus palabras y que es noble tu alma— Un corazón dispuesto es campo fértil para la siembra del conocimiento, estás listo para entender, los dos lo están.

Los tres se disponían a una conversación interesante e inteligente, prepararon sus mentes para entender y comprender lo que ahí se dijera. Saulo le pidió de favor a Laura que llevara té para todos ya que iba a hacer falta porque todo indicaba que la conversación sería larga y necesitarían la mayor comodidad posible, Saulo se acomodó sobre la orilla de su sofá, entrelazó sus manos al mismo tiempo que se inclinaba ante sus escuchantes y dijo:

—Primero que nada, les diré que todo lo que diga está basado en mis conocimientos personales y en estudios bíblicos, aclarando también que la Biblia suele ser muy malinterpretada y la mayoría de los lectores se cierran a un sí o a un no, cuando a mi parecer un libro por completo que sea no contiene toda las impresiones que Dios quisiera que sus hijos entendieran, entonces les hablaré de la Biblia pero con un enfoque más abierto y universal, no limitado a lo que se lee a simple vista. ¿Sí sabían que en un tiempo fui sacerdote? Pues desde entonces y hasta ahora he visto y hablado con un gran número de personas, hombres y mujeres que también estuvieron en el caso justo como ustedes ahora, por eso, por ser un tema complejo y tabú, me di a la tarea de investigar y conocer más a fondo tanto en lo científico como en lo espiritual, he llegado a tener mis propias conclusiones pero son mías y no pretendo que sean suyas, así que, a ustedes les daré las herramientas necesarias y determinarán por sí mismos la conclusión que su conciencia les permita tener individualmente y también como pareja.

—Entonces, antes de que empiece, déjeme aclararle que tanto Nando como yo entramos en la definición de lo que se conoce como personas bisexuales, podemos sentir atracción por ambos sexos, incluso Nando tiene novia y es en parte la confusión de él. —Expresó José ampliándole la información a Saulo, quien pareciendo saber más de lo que pensaban del tema, les dijo:

—¡Ah!, claro que sí, de hecho, existen muy diversas formas, orientación y comportamiento sexual tan distintas entre ellas y tan extremas que quizá cada forma y manera necesite su propio análisis aparte, trataré de explicar todo en términos generales, pero particularmente en casos como el suyo ya que están aquí y su interés en el tema merece esta particularidad.

Nando, también hizo una observación.

—Me llama la atención si en esa variedad que existe unos serían peores que otros o no sé cómo decirlo, pero en mi caso, a mí me gustan las mujeres que sean cien por ciento mujeres y los hombres con comportamiento de hombres, no me gustan los hombres afeminados y la verdad, tolero poco a los que teniendo su cuerpo deciden transformarse, pero ese soy yo, mi forma de pensar y sentir.

Saulo, asentía con la cabeza y respondió:

—Pues tan respetable es tu orientación y gustos como lo es para todos en sus diversas orientaciones y gustos, a nadie nos corresponde el juicio y mucho menos la condena de ningún comportamiento humano, ahora bien, aprovecharé tu comentario ya que me lleva a pensar en la primera pregunta que expresaste: ¿se nace o se hace gay?, pues bien, muchos religiosos afirman que Dios no crea a nadie con una condición anormal o antinatural, pero yo pregunto entonces: quién creó a muchas personas que nacen con diferentes características mentales y/o físicas ¿no es el mismo Dios?

Y conste que no estoy clasificando a nadie ni demeritando la condición o salud de absolutamente nadie, solo hago referencia a que, así como los pequeños —con síndrome de Down o que nace con una pequeña alteración o falta de algún miembro de su cuerpecito—, son perfectos, justo así como son, entonces también puede nacer un bebé con alteraciones genéticas, biológicas, físicas o espirituales que intervengan en su orientación sexual y eso no lo hace anormal, anti natural, imperfecto y mucho menos malo, jamás un bebé podría tener en su esencia pura y limpia la disposición de hacer el mal, eso es imposible por naturaleza.

—Entonces la pregunta es: ¿Por qué un niño nacería con algún defecto o más bien con alguna diferencia a lo que se considera normal? —Cuestionó José, intrigado.

Saulo confirmó:

—Exactamente esa es la pregunta y la respuesta para todos los casos es la misma, pero antes hay que dejar claro que nada ni nadie es imperfecto por definición, sea como sea es como debe de ser, lo que sucede aquí es que intervienen los juicios de ética y valor equivocados de las personas, para quienes si no es bello entonces es feo, si no es limpio entonces en sucio, si no es arriba es abajo, etcétera.

—¿Nos está diciendo que se puede nacer con inclinaciones sexuales diferentes y aún así ser perfectos? —Dijo Nando extrañado—. Saulo inmediatamente contestó:

—¿Qué te dicen tus juicios de valor?

—No sé qué sea eso de juicios de valor, pero a mí me suena que no.

Saulo, le explicó a Nando el término:

—Un juicio de valor es cómo tú clasificas, o calificativos

que le atribuyes a algo, cosas como: "bueno, malo, verdad, falso, feo o bonito, etcétera". Generalmente tú adquieres esos juicios de valor heredados de la sociedad, de manera que no piensas por ti mismo si no que lo haces con base en cómo te enseñaron o adoctrinaron, etcétera.

—Perdón, no creo entender bien. —Respondió Nando.

José, entonces intervino:

—Es como cuando dos pequeños de digamos tres años, uno de raza blanca y otro de raza negra, están frente a frente, a esa edad la convivencia fluye normal y natural no en colores ni razas, sus ojos de uno y otro ven a otro bebé, a otro ser humano y punto; ahora, 20 años después, colócalos frente a frente y si fueron enseñados por familias y sociedades racistas, seguramente surgirá rencor o hasta odio, son los mismos bebés, las mismas personas, pero con el tiempo aprendieron juicios de valor que ahora determinan su conducta, su forma de pensar y hasta de sentir.

—Es correcto. —Confirmó Saulo. —Y para responder tu pregunta Nando, los que dicen que Dios no crea nada imperfecto, tienen razón, en lo que definitivamente se equivocan es en sus juicios de valor, catalogan según sus apreciaciones o conceptos personales y no en lo más importante; la igualdad universal. Concluimos entonces diciendo que todo ser es perfecto como es y que cualquier circunstancia al nacer no hace a un ser menos perfecto que otro, o malo, o menos, o indeseable, o incorrecto, o sucio o inmerecedor de amor, de aceptación, de inclusión, etcétera.

—Me surge ahora otra pregunta: ya entendí que se puede nacer así y no ser malo, pero, ¿por qué o para qué se nace así? —Dijo Nando, muy interesado en saber.

—Es una muy buena pregunta y también la respuesta es la misma para todos los casos de diferencias al nacer, crecer y desarrollarse. Aplica lo mismo para un chico con síndrome de Down que para un chico gay, toda diferencia aparente en nuestra raza, existe para enseñar a los hombres a ser humanos. —Dijo Saulo sabiamente.

—Conozco casos de niños con síndrome de Down que son rechazados o incluso burlados por otros niños, imagino a las madres de estos pequeños, ellas conociendo que lejos de ser imperfectos son ángeles privados de conciencia siendo oportunidades para que los padres y hermanos pulan y refinan su carácter y que los que los rodean vean oportunidades de servicio, de empatía y de amor, pero tristemente veo que como sociedad estamos muy lejos de comportarnos como verdaderos hermanos. —Con tristeza señaló José.

—Si José, lastimosamente así es.

—Okey, todo está bien y entendible hasta aquí, pero lo que se ha dicho es sobre los que están alrededor de quienes son "diferentes", pero, ¿qué con el que nació diferente? ¿Por qué nació así? —preguntó otra vez Nando.

—Nada es casualidad en la vida y todos conformamos una red de circunstancias y propósitos y así como nacen miles de niños en la hambruna y nace el bebé faltándole piernas y manos, también nace el bebé con pene, pero que, mientras crece va sintiéndose mujer, para ellos también es la prueba y aunque parezca contradictorio, todo es para su mayor bien. Cada uno en sus circunstancias necesita exactamente eso para seguir un proceso de evolución que de otra forma no podría obtener, el entendimiento de la misión de vida hace la diferencia entre amargarse o ser de capaz de disfrutar y de ser feliz con lo que se tiene y es, así, bueno y malo. Todo es así porque tiene que serlo y cambiará solo hasta que tenga que ser de otra manera, insisto, todo para provocar las oportunidades de obtener el mayor bien. Te sorprendería saber que muchos niños de África que con suerte tienen una comida al día son más felices que muchos de otros países con sus alacenas llenas de alimento. —Saulo hablaba con autoridad en sus palabras. José se acomodó en el sofá y con extrañeza dijo: —¿Estamos hablando de vidas pasadas?

Nando frunció el ceño también, dando a entender con eso que había perdido el hilo de la conversación. Saulo entonces aclaró:

—Estamos hablando de que todos estamos en un recorrido y que vivimos exactamente como lo hacemos para aprender lo que tengamos que aprender y para pasar a otro nivel necesitamos experimentar, aprender y trascender. Así que los niños de África, los niños violados y todos los seres humanos tenemos o la oportunidad de aprender la lección, crecer e ir por lo que sigue, o repetir las mismas experiencias indefinidamente, no hay otra manera, en ese sentido se trata de lograr la conciencia de agradecer y en la medida de lo posible disfrutar aún de las experiencias tristes, lamentables y desgarradoras porque nos proveen de conocimiento que necesitamos para evolucionar y que no obtendríamos de ninguna otra manera.

Saulo, José y Nando a estas alturas estaban envueltos en un ambiente de sabiduría y comprensión, Saulo aprovechó una pausa para prender un incienso mientras que José y Nando, recargaban su cabeza en el respaldo del sofá asimilando lo mencionado y recababan experiencias que cabían perfectamente en cada cosa que se había hablado, Nando se levantó del sofá, estiró las piernas y los brazos nerviosamente y emocionado, a continuación preguntó:

—Lo que se ha hablado, le da sentido a otra de las preguntas, ¿la homosexualidad es pecado?

—Es un buen cuestionamiento y muy complejo

también porque como ya se ha dicho, nada ni nadie es imperfecto como sea que fuera y porque todo es como debía de ser, entonces, ¿por qué parece que la conciencia dictará que lo que no es un hombre o mujer no existe y cualquier cosa que exista diferente a eso está mal? —Saulo respondió con otra pregunta y José respondió:

—Aquí aplica lo mismo que se dijo anteriormente de los bebés, pon a un pequeño de 2 años que no esté contaminado con una pareja gay y no notará una diferencia a estar con una pareja heterosexual ¿o sí?

—Aquí intervienen varios factores como la naturaleza, la biología, el instinto y la salud íntegra de los individuos. Lo explico: así como es prácticamente imposible que un varón de a luz a un bebé, también es imposible que un varón provea el alimento adecuado que el seno materno da, así como el calor, el lazo carnal, psíquico, espiritual y emocional que da la relación de madre a hijo, estamos hablando de naturaleza, en ese sentido, la mujer es indispensable y única para la propagación del género humano; no hubo, no hay, ni habrá jamás nada que sustituya su función como mujer, esposa y madre. Prácticamente y refiriéndonos entre otras cosas a la reproducción, la mujer es insustituible y aún cuando, tratándose de crianza el papel del padre es distinto, igualmente el varón aporta muy importantes aspectos claves en el desarrollo del infante. —Aseveró Saulo.

—Eso me hace pensar qué, si el mundo se llenara de parejas gay, en unas cuantas generaciones se terminaría la población de la tierra, viéndolo así, es alarmante.

—Así es José, mencionaste algo clave y básico para responder la pregunta, ¿es la homosexualidad un pecado? La respuesta es que no se trata de si eres homosexual o no, sino de lo que hagas con eso y aplica exactamente para parejas heterosexuales o lo que sea, es decir, ¿cómo definimos qué es un pecado?, básicamente un pecado es un pensamiento, una expresión o un acto que provoca sufrimiento y todo lo contrario a lo que la felicidad es, ahí está tu respuesta Nando, ¿lo ves?

Nando se rascó la cabeza

—La verdad no señor Saulo.

—Bueno dime, para ti, ¿qué es un pecado?

— ¿Algo que está mal?

— ¿Y por qué está mal?

—Nunca lo había pensado, supongo que es porque todo el mundo piensa y actúa así, o sea, pensamos lo mismo.

—En parte el problema es que muy pocos pensamos y damos de hecho situaciones que no tienen que ser precisamente como creemos. Un pecado es todo aquello que te haga daño a ti o a otras personas, así, la homosexualidad no es un pecado en sí, pero las acciones que deriven de eso y que lastimen a otros, eso sí puede ser un pecado y aplica a todos y para todos de igual manera.

José, que había estado atento y callado entonces intervino:

—¿En qué forma lastimar?

—No me estoy refiriendo al ego lastimado de la gente, no. Más bien se trata de corromper o lacerar los principios de amor y belleza, todo aquello que te reste verdadera felicidad perdurable, sustentable. —Fue la respuesta de Saulo para José. En ese momento Nando llamó la atención:

—Perdón, me estoy perdiendo, hay cosas que ustedes dicen que no entiendo bien.

—Okey, lo pondré en términos que todos podamos entender, Nando ¿crees en Dios?

—Sí, sí, claro.

—Okey, Dios representa todo lo bueno, bello, perfecto y feliz ¿estás de acuerdo?

—Sí, eso creo.

—Bien, les haré una pregunta retórica que puede parecer hasta ofensiva, sin embargo, sirve para la reflexión y el análisis que tratamos.

—¿Qué pregunta es esa? —Cuestionó José.

—¿Dios es gay?

José y Nando no pudieron evitar sorprenderse, abrieron más sus ojos y se revolvieron un poco en sus asientos.

—¡Nunca esperé una pregunta como esa! —Dijo Nando confundido.

—Obviamente ni yo, ni por la mente me pasaría una posibilidad así. —Confirmó José.

—Explicaré la pregunta con su respectiva respuesta para luego volver al tema de si ser homosexual es pecado o algo malo. Bien, decíamos que Dios es perfecto en todo sentido, lo sabe todo y no hay nada que Él no conozca, ¿estamos de acuerdo?

Ambos asintieron.

—Pues, ¿cómo es qué, si Dios no es gay, comprende, sabe o conoce lo que es eso? ¿Cómo es posible que Dios no sepa eso? Entonces, no es verdad que lo sabe todo... Iré más lejos, si Dios no sabe lo que es un sentimiento homosexual o una penetración anal, entonces cualquier homosexual es superior a Él en esa experiencia y conocimiento, ¿o no?

José y Nando apenas podían seguirle el paso a Saulo, trataban de entender e hilvanar lo que escuchaban mientras que luchaban con un sentimiento de impertinencia ofensiva, eso los bloqueó un poco para mantenerse abiertos a la conversación, Saulo entendió el momento y sugirió un espacio:

—Okey, respiren, tomemos una pausa, traeré más té.

En unos pocos minutos, la conversación se reanudó en un ambiente más de interrogante que de cualquier otra cosa. Saulo, prosiguió con su idea:

—Bien, decíamos que, ¿cómo puede ser posible que si Dios sabe todas las cosas, no sepa lo que es ser gay? Y que si no lo sabe entonces no es Dios realmente, porque no lo sabe todo.

—Debo decir que la sola idea que propone me incomoda y hasta cierto punto ofende.

—Igual me siento yo, no sé cómo puede insinuar algo así. —Dijo Nando.

—Veo que sus egos están lastimados y también que, en sus juicios de valor, ser gay no es tan genial como parece, explicaré lo que yo he concluido en cuanto a cómo Dios sabe o puede saber algo como una penetración anal o una borrachera o brujería o lo que sea sin hacerlo o participar directamente en ello. Bien, por lo que he leído e investigado, sé que Dios en algún momento de su vida eterna experimentó todo, cada cosa que los seres humanos podemos experimentar.

No estoy diciendo que Dios tuvo relaciones homosexuales como tal, lo que digo es que de alguna forma experimentó lo que otros que sí las tienen sienten o piensan, no comprendo cómo pero así es como se hizo Dios precisamente, tuvo que haber pasado, vivido, experimentado todas las cosas que sus hijos pudieran vivir en su experiencia terrenal, de manera que, Él siendo el más sabio, el más alto, el más conocedor, el más todo de todo, incluso perfecto en todas las cosas y creo firmemente que tiene que saber todas las cosas porque es por eso que sabe cómo nos sentimos nosotros, lo que vivimos y cómo ayudarnos de la manera precisa que lo necesitamos.

—Pero, ¿cómo puedes comprender algo que no vives, que no experimentas? —Cuestionó José.

—No que no lo haya experimentado, sino que no de la forma que estamos acostumbrados o que sabemos con nuestro conocimiento limitado.

—Por cierto, entonces, si Dios es hombre, ¿Cómo es que puede entender a una mujer y lo que ella es y vive? —Dijo Nando.

—Otra vez es una muy buena pregunta, que definitivamente abre otros temas complejos y largos, solo diré que Dios es más ancestral de lo que podamos imaginar, nos lleva eternidades de ventaja y seguramente en todo ese tiempo encontró la forma de comprenderlo todo, ¿o qué clase de Dios sería uno que no entiende algo? Lo que sea, incluso el carácter, anatomía y los pensamientos y sentimientos de una mujer o de un hombre, de nosotros o de todos y cada uno de los que habitamos en el planeta. Dios es todas las cosas porque todas las cosas le están sujetas, de tal forma que Él experimenta todo en y a través de todo y todos, estamos conectados a Él, lo queramos o no, lo sintamos o no, entonces no hay nada que Él no pueda saber porque además es la roca y vive la roca, es el aire y vive el aire, es el árbol y vive el árbol, es el hombre y vive el hombre. Así, con una perfección divina y sin el menor grado de morbo, Él ve, atestigua, experimenta, respeta y concede a la pareja gay, unirse sexualmente si ese es su deseo. ¿O creen que Dios se voltea de vergüenza y maldice el acto? ¿Saben cuántas parejas homosexuales están teniendo relaciones sexuales ahora mismo en todo el mundo? ¿Saben cuántas parejas heterosexuales lo están haciendo igualmente? ¿Saben que Dios sabe perfectamente cuando uno de los dos, hetero o gay, está físicamente con su pareja, pero pensando en otra persona? ¿Creen que Dios no lo sabe todo y no lo siente todo? ¿Creen que realmente todo eso lo ofende? La diferencia entre nosotros y Dios es que Él no posee juicios de valor y sí posee una comprensión perfecta de todas las cosas, de manera que, puede saber perfectamente todo lo que un ser humano vive, pero no afectarse por eso o en eso.

—Nunca, nunca, nunca hubiera imaginado lo que estamos hablando. —Dijo Nando con sus ojos muy abiertos.

—Es muy fácil vivir sin complicarse la vida con estos temas tan importantes, pero volviendo al punto, el hecho de que Dios conozca algo, no lo hace sucio o pecaminoso, lo mismo sucede con las personas y más particularmente con las personas y lo que ellas hacen, piensan y sienten, entonces reitero: la homosexualidad no es un pecado, es una condición del ser al igual que cualquier otra cosa, lo que hagas con eso determinará si lo hace sucio o lo mantienes en su pureza.

—Me quedé reflexionando en eso de que, el hecho de que Dios conozca todo, incluso lo malo, eso no lo hace pecador o sucio. —Dijo José.

—Sí, sí, así es, la diferencia abismal entre Dios y el Diablo es que lo que saben lo usan uno en beneficio de la humanidad y el otro en su perjuicio. Por eso uno es santo y el otro un ser sucio y de oscuridad o de pecado.

—Entonces, tener relaciones sexuales un hombre con otro hombre, ¿es pecado o no? Necesito un sí o un no, por favor. —Exigió Nando.

—Comprende bien esto: no es pecado si no dañas a otros ni a ti mismo primero y principalmente, si es una decisión totalmente consciente y, si esa práctica no te hace perder cosas mayores. No hay pecado más grande que aquel que se refiere al conformismo cuando tu destino es la grandeza. Piensa que tienes la capacidad de ser un rey, pero tomas decisiones que no te acercan ni llevan a serlo, imagina la irresponsabilidad y sus consecuencias, ahora que, no todos tienen la capacidad de ser reyes, para los que no tienen esa capacidad el no ser un rey no es pecado, es pecado para quienes, teniendo toda la capacidad, oportunidad y destino para serlo, renuncian conscientemente por preferir otros caminos que son definitivamente de formas de vida muy por debajo de lo que vive la realeza. Por otro lado, la naturaleza es contundente para responder tu pregunta.

—¿La naturaleza de quién?, decíamos antes que no se es culpable de nacer de determinada manera. En ese sentido, la naturaleza de quien nace diferente justifica lo que pueda hacer. —Apuntó José y Saulo respondió:

—Oh, creo que estás confundido. Una cosa es que hayas nacido de alguna manera para propósitos que deban cumplirse y otra que des rienda suelta a tus instintos. Tomaré como ejemplo a un hombre que nació sin brazos ni piernas, en la vida tendrá dos opciones principales; uno, auto compadecerse toda la vida de sí mismo y depender de la lástima de los demás. Y dos, vivir en un largo y doloroso proceso de aceptación para luego convertirse en un ejemplo exitoso de vida. En el primer caso puede morir en ese estado, pero antes, —sin el afán de juzgarle— consciente o inconscientemente llevará una vida de pecado por todo el bien que puede hacer, hacerse a sí mismo y a otros, pero no lo hace, de alguna manera tiene que repetir la lección hasta que la aprenda.

En el segundo caso, el hombre habrá aprendido la lección, se graduó con honores y va por lo que sigue. En cuanto al tema que nos ocupa no estoy diciendo que la abstinencia sexual sea el camino para todos o que todos estén obligados a eso, pero sí para algunos, otra vez será decisión de cada uno.

—Entiendo el ejemplo del hombre sin piernas ni brazos y sus opciones para enfrentar la vida, es el mismo caso y es el mismo hombre, pero según sus elecciones o lo que decida hacer con lo que tiene construye o su infierno o su paraíso. Así, alguien puede optar por la abstinencia sexual o por el desenfreno y libertinaje con sus respectivas consecuencias. —Dijo José.

—Mucha gente cree y dice que el paraíso y el infierno se viven aquí mismo ¿será cierto? —Cuestionó Nando y Saulo respondió:

—Tomaré sus comentarios para terminar con ese tema, o más bien la pregunta de que si la homosexualidad es un pecado, bien, ¿Qué es lo que Dios promete a los que se portan bien?

José se apresuró a decir:

—La vida eterna por supuesto o la salvación. Todas las religiones enseñan eso.

—Muy bien, pero, según lo que he estudiado no hay solamente dos lugares de recompensa, lo que conocemos como cielo e infierno, sino que hay muchísimos más lugares entre uno y otro, siendo así, la vida eterna es el más alto objetivo a alcanzar y cuando alguien con tendencias y sentimientos homosexuales decide actuar de acuerdo a lo que siente, él sabe instintivamente que está renunciando a la vida eterna. Tendrá sentimientos de haber perdido su inocencia y vivirá su duelo, aunque después lo olvide y se dedique a vivir una vida completamente homosexual, —lo cual no estoy juzgando ni condenando— es en ese proceso de renunciar a lo que pudo ser o tener, o sea lo que era inocente y sano —por perderse— se convierte en un pecado, no en términos de algo que no se deba o pueda vivir sino más bien en términos de renunciar a lo que se pudo ser.

—Igualmente aplica a heterosexuales, por eso es tan preciso, directo y claro el o los mandamientos acerca de la castidad. Muy claramente el mandamiento dice: "No cometerás adulterio" mucha gente cree que se refiere a que si estás casado(a) no debes involucrarte sexualmente con otra persona que no sea tu esposo o esposa y en el último caso sí es así, sin embargo, el concepto original del mandamiento es que tu corazón no se debe adulterar, en otras palabras, el corazón no debe perder su inocencia, ¿por qué? Porque una vez que se inicia con eso se convierte en un proceso de corrupción moral que terminará en decadencia, insisto, aplica a todas las personas del mundo sea cual sea su orientación o preferencias sexuales. —Saulo pausó un segundo para tomar de su té que humeaba en sus manos. Nando aprovechó para hacer una pregunta:

—Dijo antes que el pecado es cuando se daña a alguien, ¿a quién se daña en todo caso?
Saulo se apresuró a responder:

—A la persona más importante de todas, a ti mismo y también porque se trate de ti o de dos personas o de mil, todos somos uno, todos somos lo mismo.
Los tres guardaron un silencio reflexivo, habían logrado un entendimiento mutuo y de alguna manera José y Nando obtuvieron las respuestas que necesitaban, se sentían contentos, pero al mismo tiempo con mucha responsabilidad por el conocimiento que ahora tenían y que los llevaría a tomar una decisión en cuanto a lo que cada uno y los dos juntos harían con sus sentimientos. José se incorporó de su asiento y se disponía a despedirse:

—Pues muchas gracias por su tiempo, creo que nos retiramos.
Nando hizo lo mismo.

—Sí, muchísimas gracias señor.

—Si quieren irse está bien pero aún no he terminado lo que tengo que decirles. Si están dispuestos, les contaré mi propia historia.

José y Nando se sentaron de inmediato, algo sintieron que les hizo querer quedarse y escuchar.

CAPÍTULO 7
La experiencia

—Es cierto que fui sacerdote y también como pueden ver, soy un hombre casado, pero algo que muy, muy pocos saben es que en mi juventud pasé por la misma situación que ustedes vienen a contarme hoy de sus vidas y quisiera platicarles de eso para que quizá se vayan con más herramientas. ¿Están dispuestos a escuchar la voz de la experiencia?

—Oh sí, por favor, Nando, ¿tienes tiempo? —Dijo José realmente interesado.

—Claro que sí, sería bueno escuchar y seguir aprendiendo.

—Entonces continuemos, pero antes permítanme llamar a Laura, necesito que ella esté presente para lo que tengo que decirles. —Saulo fue a llamar a su esposa y le dijo algo en lo que llegaban a la sala, Laura asentía y se sentó a un lado de Saulo, mientras José y Nando observaban intrigados, ¿por qué Saulo incluiría a Laura en su conversación siendo algo tan íntimo y personal?

Laura, percibiéndolos inmediatamente tomó la palabra.

—Chicos, chicos no pasa nada no se preocupen, todo está bien ya Saulo me explicó a grandes rasgos la situación y de hecho me pidió participar para hablarles de nuestra propia experiencia que es más parecida a la de ustedes de lo que pudieran creer.

—Así es muchachos, no se preocupen por Laura, ella es muy inteligente y sabia, incluso mucho más que yo y puede ayudarnos bastante con el tema.

—Gracias mi cielo. Empezaré diciendo que en nuestra juventud no estábamos ni cerca de ser lo que somos ahora, hablando de mí al menos, yo antes fui desordenada y muy loca, tenía el pensamiento de que la vida es una y hay que vivirla, me drogaba y hacía todo lo que pudiera demostrar rebeldía, incluyendo tener parejas hombres y mujeres, según yo, era la persona más feliz del mundo, hasta que la vida pasó factura de mis excesos y caí enferma, estuve a punto de morir, fui a dar a un hospital comunitario y ahí fue donde Dios y Saulo salvaron mi vida.

Saulo interrumpió:

—Éramos muy jóvenes, apenas 17 años. Yo por mi parte era un seminarista dedicado y serio, según yo entregado completamente a Dios y, sin embargo, a esa edad ya era consciente de mi sexualidad, no ignoraba que además de sentirme atraído por las mujeres también sentía atracción por los chicos de mi edad.

José y Nando no pudieron evitar abrir sus ojos ante tal revelación.

Laura continuó la historia que comenzó:

—Saulo prestaba servicio en ese hospital comunitario y cuando lo vi por primera vez me capturó su esencia y su personalidad. Sin darme cuenta me enamoré de él, de sus cuidados y su protección. Cuando un día de tantos, después de semanas de convivir lo vi llegar con sotana y supe que iba a ser sacerdote, sufrí bastante porque era la única luz que había conocido en mucho, mucho tiempo y no lo podía tener como tanto ya anhelaba.

Saulo tomó la palabra:

—Pero había algo más o, mejor dicho, alguien más.

—¡Emiliano! Él era otro seminarista, compañero de Saulo, pero por lo que demostraba en su diario vivir, su vocación en realidad no era tanta. Los tres, Emiliano, Saulo y yo, nos hicimos buenos amigos aún cuando Emiliano y yo, los dos, estábamos enamorados de Saulo.

La historia parecía de telenovela, Nando no pudo evitar preguntar:

—¿Y Saulo? ¿Usted qué sentía?

—En este preciso momento de la historia que relata Laura y por los siguientes tres o cuatro años, mi lucha era entre el seminario y Emiliano. Los dos compartimos un sentimiento muy fuerte y también una lucha constante, más de mi parte porque yo sí quería hacer las cosas bien y él permaneció en el seminario solo porque yo estaba ahí y no tanto por su futuro y vocación, me lo dijo muchas, muchas veces.

Laura retomó la palabra:

—Los tres sabíamos lo que pasaba entre nosotros, pero aún así convivimos como los tres mejores amigos.

—¿Cómo es que llegaron a hacer lo que son ahora? ¿Qué fue de Emiliano?—Cuestionó José.

Saulo respondió la pregunta:

—A ese punto quiero que lleguemos, todo fue cuestión de decisión.

Nando preguntó: —¿Cómo decisión? Eso se oye muy sencillo.

—Curiosamente he de decir que esas decisiones fueron las cosas más difíciles de mi vida, tal vez de los tres. —Expresó Saulo con nostalgia. Laura siguió contando la historia:

—Conforme pasaba el tiempo cada quien mostraba lo que en realidad sentía y pensaba, yo me dediqué a amar a

Saulo aún cuando sabía que su carrera como sacerdote era su prioridad. Fue tanta mi entrega y amor y las cosas fueron sucediendo de tal forma que finalmente se decidió por mí, se olvidó de Emiliano y dejó el sacerdocio para poder casarnos. Emiliano realmente jamás tuvo vocación, era seminarista porque su familia lo obligó a serlo, todos sabíamos que mientras estudiaba el seminario también se acostaba con hombres y siempre sostuvo que permanecía en el seminario por Saulo, no sé en realidad de sus sentimientos, pero muchas veces sí demostró que lo quería.

—¿Por qué? ¿Qué hacía para demostrarlo? —Preguntó Nando.

—Llegó a pelearse a golpes para defenderlo, desafió las autoridades para demostrar que Saulo era inocente de ciertas acusaciones, recibió castigos que no eran para él y siempre que se daba cuenta lo protegía, varias veces no comió para que Saulo comiera. Yo creo que con esas cosas que hacía demostraba un amor verdadero y además, siempre lo respetó a pesar de sus exigentes ganas de estar con él, siempre respetó la decisión de Saulo de esperar o de que nunca pasara nada íntimo entre ellos, excepto esa vez..

José, verdaderamente interesado en saber, ya que reflejaba su vida en la de ellos, preguntó:

—¿Tuvieron relaciones Saulo y Emiliano?

—Juzguen ustedes, —dijo Laura y prosiguió: —un día quedamos de vernos los tres en una casa que yo rentaba, ellos tenían llaves y llegaron ahí antes que yo. Ese día yo había salido tarde de mis deberes y demoré más de la cuenta en llegar, ellos tenían rato ahí solos con sus sentimientos a flor de piel y aunque Saulo era disciplinado, ese día Emiliano aprovechó la oportunidad para hacer su sueño realidad, ellos no me vieron cuando llegué y se me partía el alma de ver cómo se abrazaban con una mezcla de pasión y ternura, con urgencia de fundirse en uno. Se atraían con tanta fuerza y sus besos eran tan desesperados, como de años queriendo sentirse. Ya se habían quitado toda la ropa, la experiencia de Emiliano llevaba a Saulo al límite de la excitación, sin embargo, con toda esa excitación y la entrega del momento, Saulo dijo: "no, por favor, para ya".

—Pero lo deseas tanto como yo. —Dijo Emiliano.

—Pero no está bien, no así, entiéndeme.

—Te prometo que nunca haré nada que te haga daño, si no quieres no habrá penetración, pero esta única vez déjame terminar, te lo ruego por favor.

—Saulo abrazó a Emiliano y le besó la frente y luego Emiliano le regresó el beso y fue bajando a sus ojos, a su boca y mejillas, a su cuello y sus hombros y su pecho— también besó sus costillas y lo besó repetidamente alrededor de su ombligo, se detuvo unos instantes como pensando si debería hacerlo, mientras Saulo sonrojado suplicaba con sus movimientos que continuara, pero al mismo tiempo con su voz que parara. El tiempo se detuvo cuando Emiliano tocó con su boca el sexo de Saulo, les pareció a los dos que estaban en el límite del cielo y el infierno. Emiliano, experto, hizo suyo el miembro de Saulo, hacía arte con su boca y su lengua. Por su parte, Saulo, aún con su lucha interna se entregó al momento, su pene se mandaba solo y alcanzó su máxima resistencia, explotó arrojando una cantidad inmensa de su esencia líquida en el rostro y las manos de Emiliano, que a su vez buscó su propio éxtasis frente a su ser amado. Terminaron llorando, al parecer Saulo por culpa y Emiliano de agradecimiento porque Saulo le permitió por fin estar con él. Les di tiempo a que se cambiaran y entonces hice acto de presencia, como si no hubiera visto nada, años después cuando nuestra relación tomaba forma, le confesé a Saulo que lo había presenciado todo y pudimos superarlo juntos.

Saulo hizo una aclaración:

—Ese fue el primer, último y único acercamiento que tuve con Emiliano y con algún otro hombre. Me costó mucho mantenerme sin estar con él, porque sentía que realmente lo amaba, me gustaba en todos los sentidos, pero mi decisión de convertirme en sacerdote era firme y la respeté siempre o casi siempre, a eso me refiero con que las decisiones son las que hacen la diferencia en absolutamente todo.

Laura también hizo una aclaración:

—Para contestar su pregunta sobre lo que pasó con Emiliano, hasta donde sabemos murió de VIH, eso supimos cuando fuimos a buscarlo al enterarnos que estaba muy enfermo. Casi a punto de terminar el seminario y viendo que Saulo no le correspondía como él quería, se alejó de aquí, de nosotros, vivió desenfrenadamente y enfermó. Así pasó sus últimos días, solo y triste, o eso nos dijeron, lo buscamos mucho, pero sin éxito, a decir verdad, hasta el día de hoy no sabemos si enfermó como se aseguró en aquel tiempo y si realmente murió o sigue vivo, no volvimos a saber nada de él... A propósito, quisiera regalarles unos recuerdos, cartas y postales que por algún tiempo intercambiamos ellos y yo cada uno en un lugar diferente y viviendo sus propias experiencias en un lapso de tiempo que estuvimos separados. Ese tiempo fue clave para que Saulo despertara su interés romántico por mí y poco a poco se dio cuenta de que ambos nos amábamos.

Saulo asintió con la cabeza y dijo:

—No fue fácil nada de lo que están escuchando. Amaba a Emiliano más que a cualquier otra cosa o persona en el mundo e incluso, iba a renunciar al sacerdocio por él. Pero me di cuenta a tiempo, a unos meses de terminar el seminario, que no era fiel a nada ni a nadie, me enteré que tenía varias parejas sexuales y jugaba con los sentimientos de los más jóvenes. Saber eso me destrozó porque hubiera perdonado todo menos que a conciencia él me mintiera e hiriera los sentimientos de las personas, así que eso, además de dolerme y mantenerme en depresión por meses, reforzó mi decisión hasta entonces de seguir en la iglesia y luchar por lo que creía era mi vocación. Al mismo tiempo que algo nacía en mí por Laura, algo muy distinto que, con Emiliano no sentí, algo más maduro, más noble, puro y santo, un deseo de compartir la vida para siempre. Con Emiliano era adrenalina, pasión, deseo, atracción y una buena medida de lujuria. También existieron sentimientos genuinos de interés mutuo, pero pude darme cuenta que entre él y yo había más que otra cosa una fuerte atracción física y también emocional.

—Yo supe perfectamente los sentimientos de ellos y yo misma traté de que fueran felices porque realmente los amaba, pero la vida se encargó de poner las cosas en su lugar y pues aquí estamos ahora. —Dijo Laura suspirando.

José entonces preguntó:

—¿No les ha sido difícil saberse bisexuales y convivir en paz en su matrimonio?

Laura respondió:

—Tan difícil o tan fácil como lo es para parejas heterosexuales ser fieles y comprometidas. Aquí es donde entra la decisión. Nosotros nos amamos y decidimos juntos e individualmente aceptarnos y respetarnos, así que no importan tus preferencias sexuales cuando eres firme en tus principios y valores.

—Y Laura, ¿cómo han conseguido la seguridad que

tienen?—Preguntó Nando.

—A la edad de 22 años y con un amigo muy querido quizá muerto, con la vida confundida y algo destrozada, Saulo y yo buscamos respuestas y orientación. Exactamente igual que ustedes ahora, buscamos la manera y los dos nos fuimos a la India, ahí estuvimos varios meses meditando y aprendiendo incluso de nuestra misma cultura y religión. Entendimos muchas cosas y regresamos muy cambiados aquí. Seguimos analizando y aprendiendo de diversas fuentes y de la experiencia propia. Así han pasado los años hasta llegar a lo que somos ahora. Tomamos decisiones y nos hemos mantenido firmes a ellas. No somos perfectos y en el camino hemos cometido errores, pero el amor mutuo y el entendimiento de nuestras realidades nos han mantenido a salvo.

La noche ya iba avanzada cuando José vio su reloj. Todos disfrutaban la charla porque cada palabra revelaba situaciones insospechadas. Sin embargo, José aprovechó un silencio para decir.

—¡Miren la hora que es, dos y cuarenta y tres de la mañana!

Nando igual correspondió con sorpresa.

—¡Tan tarde! ¿Cómo pasó?

—¿En qué vienen?, si es necesario yo los llevo a sus casas, —ofreció Saulo.

Laura, antes de que se levantaran de la sala, se apresuró a decir:

—Permítanme un minuto, iré por las cartas que les dije que les daría, no sabía para qué las guardaba, pero hoy entendí, son para ustedes.

Laura se ausentó un momento y regresó con un maletín

de apariencia antigua pero perfectamente conservado, lo mostró a todos y dijo:

—Este maletín perteneció a Emiliano, uno de los últimos días que platicamos me lo entregó con todas las cartas que Saulo y yo le enviamos y algunas que él escribió para nosotros, pero nunca las mandó, léanlas, creo que les será de gran ayuda.

Saulo dando por terminada la plática, les dijo:

—Por último, me gustaría volver a verlos, pero antes quisiera que analizaran las siguientes preguntas o reflexiones: ¿Qué clase de amor sintieron David y Jonathan el uno por el otro? Pueden encontrar la historia en el primer libro de Samuel, en el antiguo testamento, en la Biblia... Y, ¿qué clase de amor le tenía el Señor Jesucristo a Juan, uno de sus discípulos más cercanos, de manera que lo distinguían por el apodo: "el amado del Señor?" ¿No eran todos amados? Sí, pero el sentimiento de Jesús se distinguía en algo hacia Juan, se lo llevan de tarea por favor, luego lo analizamos juntos, les dejo estas tarjetas con las citas bíblicas que les pido analizar. Así, se despidieron José y Nando de Laura, mientras que Saulo le hacía señas de que pronto regresaría de llevar a los muchachos a sus respectivos hogares.

CAPÍTULO 8
La reflexión

De camino en la camioneta, acordaron entre los tres dejar primero a Nando. Saulo quiso aprovechar el momento a solas con José para decirle algo mientras viajaban.

—Amas mucho a ese muchacho ¿no?

—Sí, como nunca imaginé podría querer a alguien, ¡imagine cómo me siento!

—No solo lo imagino, sé muy bien cómo te sientes y por lo que estás pasando, recuerda que yo lo viví en carne propia.

—Sí, es bueno sentirse entendido por alguien que pasó exactamente lo mismo que yo, eso aligera un tanto mi carga.

—La diferencia es que yo me conservé virgen hasta mi matrimonio con Laura, supongo que tu experiencia sexual con Nando fue muy especial.

José se sorprendió mucho de que Saulo supiera que ya no era más virgen y bajó la mirada, apenado. Pasaron unos segundos y José respondió a la suposición de Saulo:

—Debo confesarle que no fue con Nando con quien perdí mi virginidad— Pero, ¿cómo supo usted que ya tuve relaciones sexuales?

—¿Cómo? ¿No fue con Nando? Te confieso que saber eso me sorprende y confunde y bueno, para responder tu pregunta que cómo lo sé, pues a mi edad y con mi experiencia he aprendido a leer la piel, los ojos, la vida.

—¿Puedo contarle cómo fue esa experiencia?

—Por supuesto, veo que necesitas sacarlo.

—Fui enviado por una asignación de la iglesia a un pequeño pueblo algo lejano de aquí, se trataba de un retiro juvenil que me llevaría varios meses. En ese tiempo no había tenido comunicación con Nando, aunque se lo pedí, hasta ese momento solo había miradas y un muy, muy fuerte sentimiento de atracción mutua, o eso quería yo creer. Yo estaba muy entusiasmado por conocer a Nando, pero también decepcionado porque no correspondió a mi petición de comunicarnos por teléfono o por mensajes, así me fui al retiro llevando conmigo esa lucha interna de no querer alejarme de Nando pero a la vez, pensando que era lo mejor ya que él parecía no tener interés alguno en mí, eso me dio a entender negándose a mi petición. Ya en el pueblo, entre los jóvenes asistentes había un chico que abiertamente se declaraba gay, percibí que cuando me vio, inmediatamente le gusté, fue como si fuego saliera de su mirada, sus pupilas se dilataron y supe que de alguna forma conocerle iba a afectar mi vida, cuando nos saludamos de mano su toque fue diferente al resto, fue provocativo y sugerente, ahora lo sé. La convivencia fue inevitable porque él era voluntario para el propósito que perseguía el retiro y nos veíamos a diario, supongo que él percibía mis tendencias porque llegó al grado de decirme —en broma sarcástica— que se daba cuenta de mis ganas reprimidas y que él con gusto me las quitaba. Los días pasaban y las cosas se dieron solas, fue circunstancial, pero juro que, aunque estuve físicamente con Julián yo sentía como si fuera la piel de Nando, la boca de Nando, los ojos de Nando, era Nando para mí porque era Nando con quien realmente deseaba estar.

—¿Y Nando sabe de esa experiencia tuya?

—No y no sé si contárselo, finalmente sucedió en un tiempo que no éramos nada y ni siquiera convivíamos, de hecho, ni ahora somos nada.

—Que no son nada ¿dices? Pues permíteme contradecirte en eso, es cierto que no llevan un título de pareja, pero José, la energía que irradian juntos es maravillosa, es en verdad notable, otra cosa. Me bastó con verlos cerca y juntos para darme cuenta del poder de su atracción y toda su fuerza y algo que también observé, vi que más allá de su atracción física sus sentimientos son puros y limpios, o sea, no es de esas veces que te das un acostón con alguien y ya, lo de ustedes es algo especial y, ¿aún así dices que no son nada? Te invito a que pienses bien si debes decirle tu experiencia con ese otro chico, creo que Nando tiene derecho a saberlo y más porque según lo que percibí, él se ha mantenido virgen para ti, ¿lo sabías?

—¡No, no tenía idea de eso!

—Él es virgen sí, en términos de que nunca ha tenido coito con nadie y aunque tiene su novia y la quiere, su fervor real y con quien quisiera que fuera su primera vez es contigo y él asume que por tu condición sacerdotal eres virgen y no piensa en eso porque no le preocupa, pero sí piensa en que te agrade que se ha conservado virgen para ti y en que seas tú su primera vez. Grita con sus ojos al verte que te tiene ese regalo.

—¿Y si le digo lo que pasó con Julián y se aleja de mí?

—Será su decisión, tu parte será decir la verdad sin demoras ni ocultamientos, tú mejor que nadie sabes muy bien la máxima: "la verdad nos hará libres".

—Cometí un error al estar con alguien que no amaba, fue mi culpa y debo enfrentar las consecuencias, lo sé. —Dijo José con un remordimiento sincero.

Llegaron a su destino, era ya muy de madrugada. Por la

mañana Nando recibió un mensaje telefónico de José:

—Buenos días, ¿cómo estás?

—Con mucho sueño, ¿y tú?

—Igual Nando. Pensé mucho en la plática con Saulo y Laura, creo que fue demasiada información en muy poco tiempo ¿no crees?

—¡Dímelo a mí! Quedé como un poco confundido o sea si entendí todo, pero me asombro de todo lo que las personas pueden vivir en tan poco tiempo.

—Por cierto, cuando Saulo me trajo seguimos hablando un poco del tema y creo que hay algo importante que debes saber.

—¿Más aún? Pues dime.

—Prefiero que sea en persona, ¿cuándo nos vemos para hablar? Te invito una hamburguesa.

—¿Puedes este viernes a las 8 p.m, en el parque de la otra vez?

—Si, perfecto Nando, te veo ahí entonces, bye.

—¿Te puedo saludar por aquí mientras? Es que falta mucho para el viernes.

—Claro, si por mí fuera pasaría todo el día contigo, en serio.

—Yo también José.

Ese día era lunes, pasaría casi toda la semana para verse y platicar, ambos aprovecharon para analizar lo que habían escuchado de boca de Saulo y Laura y así cada uno sacar sus conclusiones de sus experiencias individuales y en la posibilidad de vivirlas juntos. Diariamente se mandaban mensajes y audios de lo que aprendían y asimilaban y esperaban aterrizarlo el próximo viernes. El día llegó, esta vez Nando estuvo primero e iba especialmente presentable, se había esmerado en su arreglo personal, se perfumó y también llevaba en sus manos algo para José.

—¡Pero que guapo te ves! —Dijo José al ver a Nando y se abrazaron fuertemente. Nando inició la plática:

—Gracias, tengo algo que decirte. Ya sé que hay muchas cosas que platicar, pero me refiero a decirte algo que es importante para los dos, creo.

Nando estaba visiblemente emocionado y José lo miraba con tanta ternura que parecía tener en su mirada el cielo nocturno y estrellado.

—¿Quieres decirme eso ya?

—No, no, mejor más tarde

—Entonces te diré lo que necesito que sepas, para lo que te cité hoy, ¿está bien?

—No, espera un poco, primero hablemos de lo que hemos estado mandando por mensajes ¿te parece?

—Sí, bueno, tenemos toda la noche para nosotros, ¿no?

—Si estás de acuerdo inicio yo. —Dijo Nando y José asintió.

—Estuve leyendo las cartas que le mandó Emiliano a Saulo cuando estaban en el seminario, son muy intensas, ese Emiliano era un loquillo y no tenía intenciones de disimularlo u ocultarlo, él era auténtico en muchos sentidos, también le escribió poesía, traje conmigo algo de eso para compartirlo contigo, según lo que dicen esos poemas Emiliano realmente amaba a Saulo— ¿Tú qué quisieras compartirme de eso?

—Estoy sorprendido del enfoque que puede dársele a la historia bíblica que nos pidió Saulo analizar, desde antes yo conocía esa historia, es de una amistad muy bonita, pero hasta ahora sé que ha sido causa de controversia porque muchos suponen que lo que vivieron David y Jonatán más que amistad fue una relación gay.

—¿Y tú qué piensas? —Preguntó con interés Nando.

—Mi opinión muy personal es que si bien, acaso uno, o los dos fueron bisexuales —lo digo así porque los dos tuvieron esposa e hijos— no creo que hayan tenido nunca un acercamiento sexual como tal. O sea, sí se querían mucho pero no concentraron su relación en algo sensual o de carácter sexual, sino más bien en una amistad muy especial y muy, muy profunda.

—Nunca leo la Biblia la verdad, pero me llama la atención eso que dices, si quizá fueron gais o bisexuales, ¿cómo pudieron aguantar las ganas de estar juntos? quizá uno castigaba al otro, así como tú a mí, mi vido. —Nando cerró su ojo izquierdo y mostró su lengua en señal de broma y picardía. José correspondió a la broma sonrojándose, pero igual continuó su explicación:

—Para que mejor entiendas lo que pasa en esa historia de David y Jonatán, te dejo estas referencias:

1 Samuel 18: 1, 3. Aquí básicamente el rey que es el papá de Jonatán le raya la madre a su hijo y le dice "joto" obviamente en la forma de decirlo de aquel tiempo y cultura. Otras referencias al sentimiento que se tenían David y Jonatán están en 1 Samuel 20: 41 – 42; 1 Samuel 23: 16 – 18.

Y por último una endecha o lamentación que escribió David a Jonatán cuando se enteró que había muerto: 2 Samuel 1: 26, las frases pueden variar por las diferentes versiones y traducciones de la Biblia, pero básicamente se trató de una relación de amistad y amor muy particular.

—Te prometo que lo voy a leer, es muy interesante. — Dijo Nando con sinceridad.

—Definitivamente, pero a ver, quiero que me leas algo de lo que Emiliano le escribió a Saulo.

—A ver, a ver, ¿cuál de todos?, este que al parecer fue cuando Saulo se enteró de la promiscuidad de Emiliano, te recuerdo que en ese tiempo tenían más o menos diecinueve o veinte años, al poco tiempo hubo una separación, se interpuso entre ellos una distancia, esto le escribió Emiliano a Saulo:

Mi niño perdóname, no te supe amar, no estuve a la altura de tus sentimientos, no estuve de la forma que me necesitaste, debí solo amarte, simplemente y ya. Sé que estás enojado, sé cómo es tu reacción al dolor, bloqueas todo lo que tenga que ver conmigo y pretendes pensar que nunca nada existió.

¡Ojalá fuera así de sencillo! Pero tus ojos gritan lo que tu garganta calla y tu mirada triste está conectada con mi alma así, veo tormentas nebulares en tu corazón, ese corazón que estando en tu pecho es mío. Ahora quiero que entiendas esto: Me alejé sí, pero no significa que me fui de ti, siempre estamos en nuestros pensamientos, yo te llevo grabado en mis recuerdos, tu sonrisa está tatuada en mis pupilas ¿cómo puedes dudar de que te amo? Si para mí eres el ser más bello del universo, si adoro verte, tu exquisitez me llena; tu piel, tu cabello, todo tú eres hermoso, tu porte, tu clase y tu elegancia innata

¡Cómo quisiera que fueras mío! Cómo quisiera tocarte a diario y deleitarme en tu risa amena y descifrar los misterios de tus ojos y darte alegrías incansables, perennes y besarte la vida, así como lo mereces.

Mi niño querido, mi niño por mí herido ¿Cómo hago para demostrarte mi amor? Si me cerraste con candado y llave tu corazón, si evitas a toda costa mi recuerdo, si te obligas sin misericordia al olvido. Pero te diré algo que recién descubrí, lo que hemos sentido no puede jamás morir ya que es infinitamente más grande que nosotros, olvidarnos es una pretensión imposible, es como que con un cerillo se quiera opacar al sol.

Sin embargo, sé que para siempre te he perdido, fueron muchos mis errores y desaciertos, por eso voy a alejarme, para no hacerte más daño, por favor, perdóname mi amor, ahora sé que preferiría morir antes que dañar tu siempre tierno, dulce, sensible e inocente corazón que estando en tu pecho, es para siempre mío. Siempre tuyo, Emiliano.

—¡Vaya, qué intenso! —Señaló José.

—Te lo dije.

—¿Sabes? Esa carta me recuerda a un poema que te escribí cuando me alejé un tiempo y dejé de verte, lo sé de memoria de hecho.

—¿De verdad me escribiste un poema?

—Te he escrito muchos, muchísimos.

—No sabía, ¿y los aprendes todos de memoria?

—Casi todos.

—¿Me compartes este que dices que me escribiste cuando nos alejamos?

—¿Qué si te lo comparto? Pues es tuyo, lo escribí yo, pero te pertenece a ti.

—Dímelo entonces, ¿lo harías? Por favor.

—Claro, lo intitulé "Ya no te veo" y dice así:

Ya no te veo
y eso me provoca profunda tristeza,
ya no veo esos tus ojazos café oscuro
que estando en tu rostro son solo míos,
igual que tus perfectas y alineadas cejas.
Ya no veo a diario tu rostro bello
y tu mirada que involuntariamente me buscaba,
ya no veo esas tus pupilas inquietas
ni tu cuerpazo atlético moviéndose ansioso.
Ya no veo tu ceño a veces fruncido de enfado
con esa constante prisa para todo;
ya tu imagen hermosa no alegra mis días;
cómo quiero ver tu pelo negro que despierta mis deseos,
igual despiertas aún mis ganas
pero con tan solo tu recuerdo bello
que en mi mente siempre llevo.
¡Te extraño mucho!
Cómo quisiera tanto darte un abrazo
y compartirte todo lo que causas en mí

pero tus últimas miradas fueron de fingida indiferencia,
claramente luchabas por no mirarme como antes
y por respeto a eso, me dolió en el alma no despedirme
aún cuando no quisiera nunca de ti irme.
Sé que te has esforzado por olvidarme,
que significo algo que no quisieras sentir,
que no quisieras haberme conocido
pero entiende que no soy yo, el problema
está en ti y sabrás que es más fuerte de lo que crees.
Porque es tu esencia, tu naturaleza
no es algo que tenga cura o remedio o solución
porque no es una enfermedad o un maleficio
y puedes vivir con eso sin nunca mancharte,
sino al aceptarlo, al asimilarlo, al dejarlo fluir,
a entenderlo si quieres yo te puedo contribuir.
¡Te extraño... cómo deseo verte!
Amé la química que había entre nosotros,
aunque no había futuro vivimos el presente
y fuimos uno, distintos, pero emocionalmente unidos.
No lo sabes, pero tengo un fiel recuerdo tuyo,
una fotografía de tu motocicleta
siempre la recargabas donde mismo
y al verla se hacía una fiesta en mi interior
porque sabía que te vería, que estabas cerca de mí.
¿Me regalarías una de tus cachuchas?
Solo con saber que la usaste sería como tenerte
y ponérmela sería como tocarte
y mirarla y olerla sería como vivirte
y abrazarla sería como nunca de ti alejarme.
Me voy con un pendiente en mi corazón,
siento que cargas con una enorme tristeza
y quisiera redimirte de cualquier daño
y si pudiera salvarte de cualquier soledad
si tan solo me dejaras acercarme
y curarte una a una las heridas... Y... Amarte.

—Fin.

—¡Wow!, me quedo sin palabras ¡gracias!

—¿De verdad te gustó?

—Me encantó porque describes exactamente lo que sucedió e incluso como yo me sentía— y sí, se parece en algo a lo que Emiliano escribió.

—También te escribí una carta cuando aún no hablábamos, cuando me sentía rechazado por ti y tus comportamientos, la sé de memoria, ¿quieres que te la lea?

—Oh sí, por favor.

—Va...

Si tan solo supiera qué fue lo que hice mal o qué fue lo que hice, o lo que no hice para que conviertas nuestra luz en oscuridad, para lograr tu fingido desapego, para que me trates mal, sinceramente no creo merecerlo.

Debería decirte quizá que eres mi secreto, nadie sabrá jamás de ti y lo que sentimos, en algún punto de nuestra historia y tiempo sea que lo que sentiste fue temporal y pasó o que cargues con ese estigma durante toda tu vida.

Para mí eres un ser humano excepcional. Así, sin etiquetas, sin juicios, sin reproches, eres un ángel, un guerrero, un soldado triunfante y con eso de ti me quedo. ¿Por qué no intentas conocerme? Te darías cuenta de tantas cosas, sabrías que te amo mucho y que ha dolido tu cambio repentino ¿Será que algo quieres demostrar?

Pero si me conocieras sabrías que no hay nada que yo te pueda impugnar, que te amo seas como seas y elijas lo que elijas que quisiera acompañarte en tus procesos de vida y estar siempre ahí si me necesitas.

Aquí estoy si con alguien requirieras hablar y decir lo que con nadie más podrías, te ofrezco mi hombro si necesitas llorar y mi alma entera para tus penas abrazar. Por favor no bajes la mirada cuando me veas ¿Cómo te convenzo que no hiciste nada malo? ¿Cómo te hago ver que no hay de qué avergonzarse? ¿Cómo te explico que puedo entenderte? Y que no juzgo absolutamente nada de ti, no soy quién ni tengo por qué hacerlo y que tan solo algo deseo de ti: que seas muy feliz.

Así, aún con todo si insistes en alejarme, lo haré porque no es agradable ser el receptor de tu enojo.

¿He hecho o dicho algo que te ofendiera? Créeme que no ha sido mi intención hacerlo, ahora, si sentiste que te desnudé con la mirada, pues claro que es cierto. Si sentiste que me gustas y que te comería a besos, pues así ha sido por supuesto; si al mirarme te llenabas de un extraño sentimiento, si luchaste contigo mismo para sacarme de tus pensamientos, si al anochecer y al amanecer acudía a tus recuerdos, si dieras lo que fuera por una vez experimentar conmigo el sexo, si en tu soledad e intimidad aparecía excitándote era porque allá tú y acá yo, compartíamos la pasión, al mismo tiempo todo es verdad, no tengo por qué negarlo.

No negaré que te considero del mundo el ser más bello, que tu cuerpo me parece tan perfecto que me gusta tanto tu imagen divina, todo tú, tus ojos, tu color, tu pelo, tus gestos...
He soñado tanto con ser tu complemento. Y, aunque tú iniciaste con eso y ahora no lo quieras créeme, aunque es triste, también está perfecto, yo sin ningún problema lo acepto porque mi amor no se limita al sexo. Yo te quiero de una forma más universal, te amo de la forma que pudieras necesitar, como amigo si quieres; como hermano si esa experiencia deseas como padre si esa vivencia anhelas; como amante si tu cuerpo te lo exige (y a todo esto, ¿ya cumpliste los 18? Porque si no, en la bronquísima que me meto).

De verdad que quisiera tanto acompañarte, juro que respetaré tus decisiones, ¿sabes qué deseo? Verte aún más exitoso y realizado y estando cerca o lejos, verte pasar por la calle llevando una fiel copia de ti en tus brazos si eso quisieras, pero si no, lo respeto.

En fin, mi queridísimo enojón precioso decidas lo que decidas de mí, siempre te amaré, sabré lo que decidas después de este escrito y bueno, apareceré o me desapareceré de ti según sienta tu energía en mi espíritu.

Estaré siempre cerca de ti si así lo quisieras y deseas y te acompañaré fielmente en cualquier circunstancia o igualmente si quieres poner distancia y tiempo entre nosotros y si por casualidad algún día nos cruzamos mi actitud será de nunca haberte antes visto no por mí, sino para tu mayor paz y contentamiento.

Hasta siempre o hasta nunca mi lindísimo colágeno, mi

hermosísimo bipolar tremendo te admiro y respeto mucho y siempre
serás importante
aunque por ahora tristemente,
me castigues con el cruel látigo de tu desprecio.
Haz feliz a esa personita que has elegido o elijas algún día
Y si algún día por estar mal con ella necesitas un consejo
búscame y les ayudaré a resolver el conflicto
porque si esa persona es tu alegría y tu paz
entonces también es merecedora de mi afecto.
Sé feliz, sean muy felices...
Yo acá también lo soy
por la razón sencilla, mágica y maravillosa
de que siempre te llevo en mi pensamiento
Fin

—¿Cómo puedes ser tan inspirado y tan bueno para memorizar? De verdad me tienes completamente sorprendido.

—La inspiración me la das tú por supuesto y lo de la memoria desde muy pequeño tengo ese don. Pero volvamos al tema de Saulo y Emiliano, ¿en qué nos quedamos?

—Me pregunto si ellos ya no se vieron después de esa carta que aquí leímos. Al parecer se vieron pocas veces, Emiliano insistió en estar cerca, pero Saulo fue firme y determinado en no estar con él, le hizo mucho daño cuando se enteró de todo lo que hacía a escondidas. Y es algo que no entiendo, lo que hacía Emiliano, la facilidad de acostarse con otro u otros amando a Saulo como decía amarlo.

—¿Qué hubieras hecho en este caso tú, si fueras Saulo? —Preguntó José con un interés especial.

—Depende, pero se supone que si amo mucho a la persona jamás le haría eso y esperaría que la otra persona tampoco me lo hiciera a mí, pero no sé la verdad que hubiera hecho yo si la persona que amo me hace algo así.
Hubo un silencio un tanto incómodo, José miraba hacia la

nada. Nando quiso romper el hielo con lo que él consideraba sería una buena noticia.

—Te voy a contar ahora lo que me hace sentir muy bien... hace tres días rompí con mi novia, más bien ella rompió conmigo, me confesó que está interesada en alguien más y no quería seguir con esa situación más tiempo. También le hablé de ti y al final quedamos como buenos amigos, nos dimos un abrazo y un beso y nos deseamos la mejor de las suertes, eso significa que estoy libre de compromisos, estoy libre para ti, para nosotros.

A pesar de la emoción de Nando y de la excelente noticia, José no se inmutaba, conservaba una seriedad casi absoluta y de la nada empezó a llorar.

—¿Qué te sucede José, estás bien?

—Tengo que decirte algo muy importante, precisamente en ese tiempo que me alejé de ti, pasó algo que creo que debes saber.

—Fue un tiempo difícil, te extrañé mucho.

—Yo igual a ti, la cosa es que en ese tiempo conocí a alguien.

El ambiente empezó a sentirse tenso y la noche más oscura.

—Supongo que a diario conoces a gente nueva, ¿a quién conociste? ¿Por qué me lo dices?

—Se llama Julián y es un gay declarado.

—¿Y...?

—Estuve con él. —Dijo José con mucho esfuerzo.

—¿Cómo que estuviste con él? ¿Qué quieres decir? No te entiendo.

—Nando, esto para mí es muy difícil.

—¿Te acostaste con él?

—Sí. —Dijo José agachando la cabeza, su tono era amargo y oscuro. Se hizo un silencio esta vez muy incómodo, Nando le dio la espalda y después de unos segundos que parecieron horas le dijo a José:

—¿Así que con otro sí pudiste acostarte? ¿Con él no te importó nada verdad?

—Por favor, déjame explicarte.

Pero Nando no estaba en condiciones de escuchar ni de entender nada de lo que se le dijera en ese momento.

—¿No se suponía que ya me querías a mí? Eso me has dicho y aunque no convivimos en ese tiempo, las miradas lo decían todo, ¿o estoy mal en pensar eso? ¿Sabes? Yo me he estado guardando para ti aún desde la primera vez que te vi, he tenido muchas oportunidades de hacerlo, pero siempre pensé en ti, pensaba y confiaba en que yo podía ser el primero para ti y tú el primero para mí. ¡He sido un tonto! —Expresó Nando mientras apretaba sus puños y reprimía el llanto, en su interior había una mezcla de decepción, dolor, coraje y tristeza.

—Por favor Nando, déjame hablar.

—¿Y cómo sé que esa fue tu única vez? ¿Cómo tengo la seguridad de que no eres como Emiliano?

—¡No! ¿Cómo puedes pensar eso?

—Veo con tristeza que las cosas no son parejas entre nosotros, siento mucho dolor en mi pecho, estoy muy decepcionado.

—Te juro que siempre pensé en ti...

Nando simplemente se fue, no quiso escuchar más. En las mejillas de los dos abundaban las lágrimas y en sus corazones una profunda e incomprensible pena. De pronto José sintió un impulso y fue tras de Nando, lo encontró unas calles adelante sentado en una banqueta, agachaba su cabeza entre sus rodillas y se cubría con sus manos como no queriendo saber nada del mundo.

—Por favor, te ruego que me perdones.

—¿Sabes algo? Creí que hoy sería uno de los días más felices para los dos, pero ha sido todo lo contrario... dime, ¿por qué no has querido estar conmigo? ¿No te gusto? ¿Por qué a esa persona no le pusiste trabas como a mí?

Mientras Nando hablaba sollozaba como un niño pequeño que necesitaba consuelo y comprensión, levantó su hermoso rostro mojado reflejando interrogantes y anheloso de recibir respuestas que pudieran consolarlo.

—¿Preguntas que si me gustas? Si eres mi vido, perdón, mi vida. Te adoro y ya te amo más que a todo, no solo me gustas, ¡me encantas! Y te has convertido en lo más especial e importante que he tenido en toda mi vida, créeme por favor.

—¿Entonces por qué?

—No tengo una respuesta clara, pero sí sé que fui un inmaduro y un tonto, ese tiempo lejos de ti, siempre pensando en ti y extrañándote, deseándote como te deseaba y sin tener respuesta a la petición que te hice, ni una llamada, ni un mensaje. Eso me tenía mal porque creí que no te interesabas en mí, me encontraba vulnerable y vacío y coincidió que Julián, así se llama ese chico, apareció y empezamos a convivir y...

—Ya para por favor, no me des más detalles.

—No quiero que pienses que te estoy culpando de lo que hice, como te dije fue mi inmadurez.

—De alguna manera acepto mi responsabilidad en esto porque deliberadamente no correspondí a tu interés por comunicarnos, pero te juro y te prometo que jamás pensé que me saldrías con esto, no tú, no esperaba para nada eso de ti. Me siento lastimado y muy triste.

—Te suplico que me perdones.

—La verdad no sé si pueda.

—Quiero que sepas que, aunque estuve con otra persona físicamente, mis pensamientos, mis sentimientos y mi alma estaban contigo.

—Me resulta difícil entender eso, sobre todo por qué con él sí quisiste estar.

—Tenía mucha necesidad acumulada de estar contigo y en ese tiempo pensé que eso iba a ser imposible, por otro lado, precisamente por la importancia que le doy a esto, a lo nuestro, a ti, es por lo que me he detenido. Pero si para ti es importante y los dos estamos de acuerdo podemos hacerlo, ahora si quieres.

Nando volteó la mirada como viendo a la nada, todavía había huellas de sus lágrimas en su rostro.

—Hoy no, este día ya valió madres, quizá después, no sé, quizá nunca.

José se sentó en un lado de él y le tomó la mano, luego pasó el brazo por el cuello y le dio un beso en la mejilla derecha, Nando no se resistió, necesitaba cariño. José entonces buscó la boca de Nando y se fundieron en un beso eterno con sabor a sal y a humanidad dolida, se abrazaron con fuerza, la mano de José buscó el miembro de Nando quien aceptó la caricia, pero aún con la libido fría. José se puso de pie y levantó también a Nando, tomó su cara con sus manos y le volvió a besar intensamente, Nando correspondió rodeando su cintura y pasando las manos por debajo de su camisa.

—Te necesito mucho. —Le dijo José en el oído.

—Yo te necesito más.

—Entonces vamos, hagámoslo hoy.

Y al calor de la ocasión José besó a Nando de una manera diferente, casi indecente, tanto que la libido de Nando que empezaba a encenderse se apagó brusca y repentinamente.

—¿Tienes mucha experiencia en esto no? —Y empujó a José.

—¿De qué me hablas?

—¿Por qué me besaste así? ¿Cómo, cuándo aprendiste?

—No sé, no lo aprendí solo lo hice, no pensé que estuviera mal, es por la emoción de compartir el momento contigo, ¿por qué está mal?

Nando entendió su comportamiento y se calmó.

—Perdóname, estoy mal ya desconfío de todo.

—Lo entiendo, no pasa nada, no te preocupes.

—Dame tiempo de asimilar esto, por favor.

Así, en esas circunstancias se alejaron y los días pasaron entre distancias y silencios, aunque en su soledad cada uno sufría la ausencia del otro, el último día que se vieron fue muy intenso y sintieron como si algo se rompiera entre ellos, ambos lo sabían y les dolía mucho pensar que lo que sentían había llegado a su final. Así, deprimido y solitario Nando buscó ayuda, fue donde Saulo y solicitó entrevistarse con él.

CAPÍTULO 9
La confirmación

—Hola Nando, pasa, pasa por favor.

—Gracias, gracias por recibirme señor Saulo.

—Estoy para servirte, dime, ¿en qué te puedo ayudar?

—Se trata de José, los dos estamos muy confundidos, las cosas no han estado bien y eso me hace sentir muy triste.

—¿Se puede saber qué sucedió?

—Para no hacer el cuento largo, José me dijo que estuvo con otra persona y eso me dolió mucho, más porque conmigo se ha negado a estar.

—¿Te explicó la razón o las razones para estar con aquella persona y contigo no?

—Sí me dijo algo y trato de entender, pero eso no me hace sentir mejor.

—¿Y qué piensas hacer?

—No sé, por eso estoy aquí. Necesito su ayuda para que me haga ver cosas que a lo mejor por mí mismo no puedo entender.

—Entiendo, bien. Te hablaré un poco del amor y luego tomarás tu decisión y es precisamente en este tipo de decisiones que se basa nuestro destino, todo en la vida mi joven amigo se trata de decisiones.

—¿Me hablará del amor? ¿Qué es el amor? ¿Por qué si se supone que es bueno duele tanto?

—Pues yo creo que realmente el amor no duele, lo que

duele es el ego herido, pero lo irás descubriendo. Para serte franco no creo que exista una definición de lo que es el amor o lo que significa; es demasiado grande e inexplicable para la comprensión y términos humanos, pero osaré un poco con mis palabras presentarte un poco de lo que personalmente entiendo.

—Sí, por favor.

—¿Sabes? Muchas personas confunden el amor, unos con atracción, otros con deseo, otros con sexo, otros con la dependencia emocional, etcétera., incluso pueden ir una o más combinaciones de estas cosas, pero ni la suma de todas ellas ni otras tantas pueden ni de broma ser amor. Es cierto que para relacionarte con otros necesitas de algunas de esas cosas por ejemplo necesitas atracción, simpatía, gusto, etcétera., pero el amor es otra cosa que se eleva muy por encima de las emociones pasajeras. Hoy en día más que nunca existe esa confusión y la mayoría se van a la cama porque el otro o la otra tiene cara bonita y un buen cuerpo y pues obvio eso te gusta y para muchos eso es suficiente para entregarse.

—¿Eso es malo?

—Juzga tú, mira, te voy a contar un chiste o una adivinanza como quieras verlo.

—A ver, dígame.

—¿Cuál es el mejor anticonceptivo del mundo? ¿lo sabes?

—Pues no, francamente ni idea.

—Pues el mejor anticonceptivo del mundo será siempre no comer nopales.

—¿Achis, nopales? ¿Qué tienen que ver los nopales?

—Dicho de otra manera, es no-palitos, ¿ves?

—¡Ah! No palitos, no palos ja, ja, ja si pues así sí ja, ja.

—Pues ese chiste tiene mucho de cierto, sin el afán de

parecer moralista, si no quieres tener hijos pues no tengas relaciones sexuales, así de simple.

—Pero hay formas, métodos para que no haya un embarazo.

—Sí, claro que sí, pero no se trata solo de protegerte físicamente para no procrear, durante el sexo ocurren un sinfín de intercambios energéticos, vibracionales, biológicos y psicológicos. Muy pocos entienden lo sagrado y sublime que es una relación sexual y no estoy metiéndome con religión, ni biblia, ni preferencias sexuales ni nada de eso, para todos aplica lo mismo.

—Pues, aunque no quiera sí suena medio moralista, todo el mundo ve el sexo como algo muy normal.

—Exactamente ese es el problema, francamente no entiendo el afán de muchos de cuidar su alimentación, hacer ejercicio y esas cosas si finalmente entregan lo más importante y sagrado que tienen a cualquiera, o sea, no consumen comida chatarra, harinas, refrescos, etcétera., porque así contaminan sus cuerpos ¡Pero permiten que prácticamente un desconocido les penetre! —o ellos entran a otros cuerpos con esa facilidad— Y junto con su pene —ojo, aplica también con las vaginas— te introduzcan sus miedos, sus temores, sus rencores, sus odios y gran parte de sus problemas existenciales, ¿sí me explico? Ya ni hablar de posibles enfermedades, entonces no se trata solo de engendrar vidas humanas, sino que también puedes engendrar serios problemas emocionales y/o físicos de distintas índoles. Y bueno, todo mundo es libre de hacer lo que quiera con su cuerpo y nadie lo puede prohibir y ojalá todo esté bien y sin complicaciones, pero si quieres evitarte problemas futuros, los nopales son el mejor remedio ja, ja, ja.

—No lo había visto de esa forma, suena serio.

—Las personas no se dan cuenta de la cantidad

enorme de intercambio energético que sucede durante las relaciones sexuales, incluso con el tiempo, los más débiles energéticamente hablando, adoptan rasgos de carácter e incluso rasgos físicos de su pareja sexual, tan serio es esto. Y bueno, para responder a tu pregunta a por qué José se reserva a tener intimidad contigo, creo que por ahí va la cosa, supongo que él desea que cuando lo hagan exista la mayor luz y claridad posible, ¿ves? Sin dudas ni temores, sin prejuicios ni arrepentimientos, siendo libres de compromisos o sombras que no les permitan ser y disfrutarse al máximo. No te ha dicho que nunca tendrán intimidad, sino que habría que esperar un poco a estar preparados y déjame decirte que seguramente para él no ha sido nada fácil soportar las ganas de estar contigo, eso es admirable. Lo vi cuando estuvieron aquí juntos, él te desea muchísimo.

—Ahora entiendo un poco más de lo que se trata lo que él realmente quiere, gracias.

—Déjame terminar el punto, porque hasta aquí te he dicho parte de lo que el amor no es y su relación con el sexo y te confirmo que el amor verdadero no tiene nada que ver con el sexo.

—Pero entonces, ¿cómo se demuestra?

—Es verdad que la sexualidad es una manera deliciosa de expresar el amor, pero toma nota de esto: El amor vive y sobrevive sin la necesidad de sexo, pero el sexo sin amor no es nada, sí obtienes placer, pero cuando terminan esos minutos, quedas tan vacío y tan solo... Y pudieras tener sexo a diario y con diferentes bellas personas, pero si no hay amor, siempre tendrás el mismo resultado: soledad y frustración y realmente eso es peor que los nopales porque concebirás en tu vida solo amargura y desdicha.

—Supongo que la calentura no deja pensar a la gente.

—Se trata de decisiones mi joven amigo, decisiones. Además, te aseguro que nadie llega a una relación sexual con su consentimiento sin antes haberlo pensado o planeado. Aquí lo importante es que seas heterosexual o gay o como sea que te definas, hay leyes escritas o no escritas que prescriben que a toda acción corresponde una reacción y esto es inevitable, nadie nunca jamás podrá escapar a las consecuencias de sus actos. Entonces decide, ¿qué quieres hacer? O más bien, ¿entiendes ya la postura de José?

—Creo que lo más fácil del mundo es acostarse, lo verdaderamente difícil es pensar y actuar por las razones correctas.

—Dime, ¿cómo ha sido tu experiencia con eso? A tus dieciocho años debes haber tenido ya tus experiencias.

—En realidad, a mis casi 19 años me he mantenido lejos de esos temas por decisión personal, he tenido novias y me he encariñado, pero no he buscado tener relaciones sexuales con ellas, aunque sí he tenido el impulso y el deseo, cuando conocí a José eso cambió porque lo siento diferente, algo casi como mágico y muy especial, es como si lo estuviera esperando para permitirme tener la experiencia sexual que sabía tarde o temprano llegaría, no contaba con que sería sacerdote y que pensara como piensa. Me llama la atención que usted siendo bisexual optó por la vía del matrimonio y la familia tradicional.

—Así lo decidí en su momento. De hecho, lo decidimos juntos, Laura y yo.

—¿Ha valido la pena, ha sido feliz, los dos son felices?

—Podría responder fácilmente que sí somos felices, pero mejor te digo que el ser feliz también es una decisión, ¿sabes?, se trata de enfocarte y poner tu atención en lo que quieres y deseas y pues eso obtendrás. Entonces cierro mi corazón y mis ojos a lo que puede distraerme de mis propósitos y objetivos y así vivo cada día, ¿ha sido fácil? Al principio no, porque mi vista admira la belleza, pero me centré y luego me acostumbré, luego se vuelve natural y ya lo haces automáticamente, sin pensar.

—Supongo que este tipo de decisiones se toman por amor.

—Es verdad. Todos siempre tomamos decisiones, como aquellos que se preguntan: ¿estoy condenado a no amar ni que me amen?, ¿estoy condenado a no formar una familia?, ¿estoy condenado a ser y sentirme diferente, a sentirme miserable?

—¿Se refiere a las personas gay que van descubriendo su sexualidad y preferencias y se conflictúan por eso?

—Oh, yo me refería más bien al tipo de personas que tienen alguna discapacidad física o mental, las que en accidentes perdieron partes de su cuerpo o quedaron parapléjicos o bien que tienen algún síndrome, etcétera.
Para todos ellos son las mismas preguntas y también para todos ellos se abren distintos caminos y volvemos a lo mismo, decidir, decidir, decidir.

—Antes de saber que José estuvo con alguien más yo había decidido estar con él, para siempre si es posible pero cuando supe lo que hizo, eso movió todo en mí.

—Cualquier cosa que decidas hacer es tu vida y se respeta, pero es importante estar bien informados para que nuestras decisiones sean lo más acertadas posible.

—¿Pero?

—Pero ¿qué?

—Dijo lo último como si hubiera un pero.

—Siempre en todo hay peros, siempre los habrá, siempre.

—¿Por qué?

—Porque así tiene que ser, acuérdate que toda acción tiene una reacción y eso no se puede evitar. Así que toma tu decisión.

—Pues amo a José y sí quiero estar siempre con él.

—¡Perfecto! Y a propósito, déjame explicarte un poco del corto entendimiento que tengo del amor.

—Por favor...

—El amor, el verdadero amor es compañía, sacrificio, reciprocidad, resiliencia, incondicionalidad, experiencias y vivencias, caerse y levantarse juntos, el cuidarse durante la enfermedad, dar tiempo de calidad, soportar y aceptar lo que no te gusta del otro, trabajo diario, compromiso constante, perdonar errores, servirse mutuamente, realmente conocerse, dormir juntos, cocinar juntos, tener metas juntos y entre muchas otras cosas, como un complemento, tener sexo.

—¡El amor es muchas cosas!

—El verdadero amor sí, pero mucha gente lo confunde con la ilusión, o con el mero gusto de un cuerpo bien trabajado y una cara bonita, se suele confundir mucho el amor con la pasión del sexo, con la atracción natural... ¿qué pasa Nando?, te quedaste muy serio.

—Es que yo no he vivido nada de lo que dijo que es el verdadero amor con José, ¿entonces no es amor lo que siento o sentimos el uno por el otro?

—Yo no puedo decirte si es amor o no, solo tú puedes determinar eso, lo sabrás instintivamente porque el amor no se discute. Lo que sí te puedo decir es que muchas parejas fracasan cuando descubren que en realidad no se aman ni están dispuestos a hacerlo, sino que basaron su unión en cuestiones superficiales, para cuando se dan cuenta que no se conocieron lo suficiente es tarde y viene la separación.

—Entiendo, pero, ¿una mera atracción puede ser tan

fuerte al grado de confundirse con amor?

—Oh claro que sí, pero además hay sentimientos que, por supuesto que sí son amor, pero no precisamente de pareja y también suelen confundirse.

—¿Sí?

—Una vez leí una historia, se trataba de un líder y su ejército, fue tan extraordinaria la unión y el trabajo que juntos hicieron y tan bueno el desempeño y la fidelidad de ellos al luchar y ganar sus batallas, que Dios les concedió dones para su próxima vida, les dio el poder de reconocerse por medio de sus sentimientos entre los miles y millones de personas y les dio una característica especial, les dio belleza física que los distinguiera del resto como premio a su valor y esfuerzo. Dios le habló al líder de ellos y le dijo: "les concedo a ti y a todo tu ejército que en sus próximas vidas posean una belleza característica tanto espiritual como física y que a donde quiera que estén y vayan los vuelva a unir el sentimiento de unidad y amor que les hizo triunfadores aquí, pero, al mismo tiempo olvidarán estas palabras y esa será una prueba más para su crecimiento y desarrollo, que sin recordar estas vivencias comprendan ese amor y lo vivan y lo disfruten y vuelvan a mí habiéndolo asimilado así, entonces habrán ganado una batalla más".

A grandes rasgos esa es la historia y suponiendo que haya sido real, aquí andan ellos, reconociéndose por sus sentimientos, pero muchas veces confundidos porque es tan fuerte que les hace creer que es atracción sexual o de pareja. Hay muchos de estos y en algunas corrientes espirituales o esotéricas se les llama niños índigos, niños cristal, etcétera.

—¡Órale! Suena muy fantasioso pero real al mismo tiempo.

—Te daré un ejemplo claro de esto: les pedí a ti y a José que analizaran una historia bíblica que relata un tipo de amistad que hasta la fecha por sus características muchos tachan de homosexual, pero eso es porque ignoran el conocimiento que te acabo de dar, se trata de David y Jonatán, dos jóvenes que vivieron intensamente su relación de amor, que más que ser un amor de pareja era una amistad distintiva y singular. Ignoro si ellos tenían clara su sexualidad uno para con el otro, pero mantuvieron ese sentimiento especial bajo control, tomaron esa decisión y así lo vivieron.

—Sí, leí la historia y está muy interesante ¿Y quién asegura que esos dos no se acostaron? —Cuestionó Nando.

—Nadie puede asegurar eso, pero te voy a demostrar con otros personajes que existe otro tipo de amor casi tan especial y tan grande como el amor de pareja y que, cuando no se tienen los conocimientos necesarios y oportunos puede muy fácilmente confundirse.

—¿Hay más casos como el de David y Jonatán?

—Muchos, pero documentados pocos, te hablaré ahora del mismísimo Jesús, es decir Jesucristo.

—¿Cómo? ¿Él también vivió algo así, cuándo, con quién?

—Dímelo tú, después de escuchar lo que te diré... entonces Jesús tenía doce discípulos ¿me sigues?

—Sí, eso todos lo saben.

—Pues bien, entre esos doce hombres había uno tan especial y tan diferente a los demás para Jesús que se ganó el título de "el amado" ¿ya lo ves? Por supuesto que el maestro Jesús amaba a todos sus discípulos, amaba a los otros once y de hecho, ama a todo el mundo, pero por alguna razón, Juan, era diferente, lo amaba de una manera especial y única para él y así lo expresó y lo vivió de manera que todos los que los rodeaban lo sabían y aceptaban sin ningún problema. Jesús y Juan no eran parientes y no eran homosexuales, pero era tanta la distinción con su tipo de amor que los demás le pedían a Juan que intercediera por ellos o que preguntara cosas que ellos no se atrevían a decirle al maestro. Cabe mencionar que según la tradición cuando Jesús agonizaba en la cruz encargó a Juan a su madre y a su madre le encargó a Juan, eso dice que tanto María, su madre, como Juan, su discípulo "más" amado, eran las dos personas más importantes para él.

—Sí, entiendo todo y la verdad no tenía idea, o sea, nunca pensé en ese tipo diferente de amor que le tenía Jesús a Juan.

—Y seguramente también Juan le tenía el mismo afecto distintivo y especial a Jesús.

—Si vivieran en esta época de seguro la gente también los juzgaría como gais.

—Juicios de valor, recuerda, aunque a muchos la ignorancia los justifica.

—Hasta aquí entiendo todo perfecto, pero entonces, ¿cómo distingo el tipo de amor que estoy sintiendo?

—Antes de responderte, déjame aclarar que no estoy diciendo que nadie sea homosexual y que no puedan existir los deseos sexuales que eso conlleva, pero sí afirmo que muchas veces la ignorancia de saber lo que hoy te digo crea la confusión y lleva a muchos a experimentar y a convertirse en gay como consecuencia porque es todo lo que conocen y las circunstancias se dan de tal modo que eso deciden vivir. También seguramente hay muchos que aún sin el conocimiento que hoy te doy han tomado la decisión de ignorar sus sentimientos que creen son de homosexualidad y forman sus familias y viven así hasta que mueren, debe haber todo tipo de casos.

—Entiendo, entiendo bien.

—También debo decir que en los últimos tiempos han surgido personas y organizaciones que, establecidas estratégicamente en las naciones, pretenden homosexualizar a la población, esto con el fin de reducir la población mundial, están obsesionados con la idea de que ya no habrá suficientes recursos para mantener a la humanidad y se empeñan en reducir a toda costa el crecimiento poblacional.

—Pero, ¿cómo lo hacen? —Preguntó Nando.

—Cuentan con planes sofisticados y complejos que han trabajado desde hace mucho tiempo, ellos aprovechan cada recurso disponible para sus propósitos, usan la tecnología y la ciencia; introducen sus ideas en programas de TV, en internet e inclusive en la educación de los pequeñitos están sembrando la semilla de la confusión desde su edad más temprana, aprovechándose de su inocencia y vulnerabilidad. También en la industria alimenticia tienen injerencia, haciendo que los procesos de producción incluyan fórmulas amañadas con hormonas que van directamente a las células y al cerebro, de manera que pienses y sientas diferente a como naturalmente es. También los satélites y señales de radio son usadas con el mismo propósito.

—¡Es difícil de creer!

—Sí, pero todo está ante tus ojos, una cosa aquí y otra allá y es tan cierto que su plan va muy avanzado de manera que un porcentaje importante de la población actual cree que es gay sin de verdad serlo, o sea, sin ser originalmente homosexual.

—Tal vez yo sea uno de ellos.

—Solo tú puedes determinarlo, ignoro tu caso, pero para esas organizaciones la forma más efectiva de homosexualizar a la humanidad es precisamente destruyendo a la familia, provocando que la ausencia de un padre, cause la necesidad afectiva en un niño que luego se convertirá en un joven en formación, vulnerable y dispuesto a de alguna manera recibir el afecto del que ha carecido.

—Ese puede ser exactamente mi caso. —Dijo Nando marcadamente triste.

—¿Estás bien Nando?

—Sí, sí perdón, pero lo que está diciendo acerca de la familia suena tan lógico y tan personal, tan adecuado a mí.

—Tranquilo ya lo analizarás a conciencia, solo y sin ninguna influencia. Ahora te responderé a la pregunta acerca de cómo distinguir el tipo de amor que sientes.

—La verdad es mucha información para un solo día, pero vale que a eso he venido.

—Primero grábate bien esto: "el amor no se discute" el amor es más grande que todo, no distingue sexos ni preferencias ni edades ni nada, el amor no se equivoca y nunca amarás a nadie equivocado, nunca el amor podría ser un error.

—Pero las personas señalan mucho a las parejas gay o a las personas que son gay.

—Eso es porque las personas que hacen burla o señalan con juicio son ignorantes, son temerosas de lo que no conocen, son prejuiciosas y banales. Todos los seres humanos sin importar nuestra raza, el color, la cultura, la edad o el sexo, todos tenemos el derecho y el privilegio de amar y ser amados y debemos ser libres de amar a quien o lo que queramos, hasta aquí todo está bien, pero también nunca jamás debes obligar a otro a que te ame, es contrario a las leyes universales que el amor se fuerce, se obligue o se manipule. En este entendido sea que te vaya bien o mal en el amor, debes respetar las decisiones de los demás sea que en ellas te favorezcan o no, lo menciono porque si bien es cierto que el amor es universal, nadie está obligado a corresponderte, pero no significa que alguien más o en todos tus intentos también se te rechace.

—Pero, ¿qué tiene que ver eso con que sepa cómo distinguir mis sentimientos?

—Hay personas que originalmente no son homosexuales, pero al verse rechazados constantemente por el sexo opuesto deciden experimentar y ahí se quedan, quería aclararte que como seres humanos tenemos la capacidad de relacionarnos sexualmente incluso con animales o cosas, tanto más con personas del mismo sexo aún cuando la orientación original no haya sido esa.

—Eso suena enfermizo, guácala.

—Entonces, una clave para distinguir tus sentimientos o en otras palabras tus preferencias sexuales originales es recordar tu infancia, allá cuando te ibas formando, ¿te gustaban las niñas o los niños? ¿te gustaban los carritos o las muñecas? ¿te interesaba relacionarte con niños y jugar sus juegos como ellos o buscabas estar con niñas y sus juegos? Esas preguntas son claves para volver a tu origen, ya después pudo haber sucedido el ataque y hacerte caer en confusión, por otro lado, un gay de origen está tan seguro de lo que es tanto como un heterosexual así que si tienes dudas entonces muy probablemente tu sexualidad se incline al tipo de órgano sexual que tengas en tu cuerpo físico, lo que decidas vivir y ser es muy tu decisión y tu vida, muy respetable como sea que fuere.

—¿Decisiones, decisiones, decisiones?.. En eso se basa todo ¿cierto?

—Ya lo entendiste, esa es la base y de ahí surge todo lo demás. Siempre piensa todo muy bien, toma tu decisión y actúa teniendo en cuenta que las consecuencias vendrán, siempre vendrán.

Nando aprovechó un pequeño silencio para despedirse de Saulo.

—Ya me retiro, gracias por su tiempo y sus valiosos consejos.

—Espero haberte sido de ayuda con lo que viniste a buscar, llevas las herramientas necesarias para tomar una inteligente decisión... o muchas.

—Así será y si me lo permite, vendré más adelante a informarle lo que suceda.

—Me encantaría eso, aquí tienes tu casa, saluda a José de mi parte por favor.

CAPÍTULO 10
La decisión

Nando salió de la casa de Saulo muy pensativo, en ese momento le marcó a José por teléfono para quedar en una nueva cita, acordaron verse el siguiente viernes en el mismo parque de antes, a las ocho de la noche. Los días pasaron y cada uno pensaba en el otro y cómo enfrentaría la situación, pero muy a pesar de la incertidumbre, prevaleció que se extrañaban mucho y seguían amándose.

Llegaron juntos al lugar de la cita, ahí estaba la banca testigo de sus pláticas, se vieron y no supieron cómo saludarse, se quedaron paralizados por un momento, fue Nando quien se acercó a José y lo abrazó.

—Hola José, ¿cómo has estado?

—Bien, creo, la verdad te he extrañado mucho. ¿Tú cómo estás? —Igual bien... igual. Gracias.

—Que bien, me dio mucho gusto que me hablaras.

—Sí, necesito decirte algo que para mí es muy, muy importante.

—¡Ah! Pues dime.

—Después que discutimos estuve muy mal y decidí ir a ver al señor Saulo para que me ayudara a entender cosas y me aconsejara.

—Que bien, eso es bueno ¿y cómo te fue con eso?

—Me habló de cosas muy interesantes, ¿sabes? Incluso

me hizo dudar de que yo sea gay y me recalcó mucho sobre que yo decido en mi vida independientemente de si creía lo que él me dijo o no.

—¿Tomaste alguna decisión?

—Pues sí, creo todo lo que me dijo y sí he tomado una decisión con esa base, te cité hoy para compartírtela ¿puedo?

—La verdad, tengo miedo a lo que puedas decir, pero adelante, dime.

—Primero necesito saber tu postura conmigo, no hemos estado bien últimamente y de hecho si lo piensas bien, tú y yo no somos nada en realidad, aún con todo el cariño que nos hemos tenido; no somos pareja, ni novios y quizá ni siquiera amigos. Por eso preguntarte: ¿qué soy para ti? ¿qué esperas de mí?

—Muy buena pregunta, esta es mi respuesta de mi corazón al tuyo: para mí, tú eres mi vida entera y estoy dispuesto a renunciar a todo por ti, incluso si la iglesia no acepta lo nuestro entonces también renuncio a la iglesia y todo lo que tenga que ver con eso, aún cuando quizá por eso me gane el infierno, no sé, muchas cosas y quizá cometa un pecado grave por mi decisión, pero hoy solo sé que te necesito para vivir. Sinceramente no creo que Dios repruebe un amor como el que yo siento por ti, pero si así fuera, entonces que Dios me perdone, pero no pienso ni quiero renunciar a algo tan especial y bonito como lo que tú me causas.

Luego de la respuesta de José, se hizo un silencio absoluto, los dos sentían que algo incluso más especial que antes resurgía en sus pechos, el ambiente se llenó de un sentimiento de romance idílico y utópico. La noche cambió de oscura a iluminada, las estrellas recuperaron el brillo perdido y el cielo parecía más cerca que nunca.

—Gracias por tu respuesta José. Ahora voy yo, pues,

hoy consciente de todo y por mi libre voluntad, decido estar contigo para siempre, bueno, siempre y cuando tú también quieras estar conmigo. Siento que de verdad te amo y aún cuando quizá no sea un amor maduro yo estoy dispuesto a trabajar en mi parte de la relación y así juntos lograrlo. ¿Qué dices? ¿Quisieras compartir la vida conmigo?

Se hizo un silencio profundo y pareció que el tiempo se detuvo, el rostro de José no mostraba emociones, hasta que por fin habló:

—¿Y todavía me lo preguntas? ¡Ya te lo he dicho! ¡Claro que quiero estar contigo! No sabes lo feliz que me haces al decirme esto. Te comento que por mi parte había pedido un permiso de mis actividades, pero sabiendo esto que me dijiste, mañana mismo renuncio a todo y si estás de acuerdo nos vamos a vivir a otro lugar y empezamos de nuevo, juntos, ¿qué te parece la idea?

La respuesta de Nando fue lanzarse sobre José y colocarle un beso largo y apasionado, se abrazaron fuertemente como imanes poderosos, el ambiente los absorbió y ya estaban encendidos en deseos por sentirse y tenerse mutuamente por primera vez.

—Vamos a mi nuevo departamento, ahí estaremos más cómodos. —propuso José.

Fueron y apenas hubieron entrado y cerrado la puerta, se entregaron a sus instintos y deseos por tanto tiempo reprimidos, se besaban y acariciaban desesperadamente mientras se desnudaban uno al otro, se sentían urgidos por fin unir sus cuerpos y las caricias se hacían cada vez más frenéticas, pasaron varios minutos así y notaban que sus miembros estaban más que listos para el embate, sin embargo, José bajó el ritmo de las caricias, besó tiernamente los ojos café oscuro de Nando, que le brillaban como nunca, luego besó su boca y sus mejillas con la misma ternura, luego hizo una pequeña pausa, se arrodilló frente a su amado y tomándole de la cintura besó su sexo como siempre lo había imaginado y deseado, no podía creer que su sueño se estaba haciendo realidad.

Era la primera experiencia sexual de Nando, así que su cuerpo lleno de salud y energía reaccionaba impetuosamente a las caricias de José, quien se detuvo un momento para deleitar sus pupilas con el cuerpo completamente desnudo de su joven amado, agua brotó de su boca al reparar en tan exquisita belleza y frescura.

Por su parte, Nando observaba la imagen voluptuosa, atlética y marcada de José y llegó un punto en el que no pudo más resistir y cayó a sus pies, temblando de placer y excitación le regresó la caricia, con su boca le provocaba las sensaciones más deliciosas que podían los dos saborear, juntos se sentían en las nubes del cielo más alto. Así se disfrutaban el uno al otro hasta que el calor y el instinto los llevaron al siguiente nivel, necesitaban arrojar las energías que no podían estar más dentro de ellos, sus miradas llenas de fuego y urgencia acordaron las posiciones, José se volteó de Nando y se inclinó para recibirlo, cuando...

—¡Padre! ¡Padre!

Alguien afuera golpeaba la puerta con mucha insistencia. Nando le suplicó a José que no atendiera ya que era su momento, sin embargo, la insistencia era demasiada.

—Parece ser algo serio, vístete, voy a atender.

Nando visiblemente afectado se vistió y se quedó en una habitación contigua, cuando José abrió la puerta, vaya sorpresa que se llevó.

—Me dijeron que aquí podía encontrarte.

—¿Julián? ¿Qué haces aquí? ¡Te ves muy mal! ¿Qué te pasó?

—Hace tiempo que te busco, necesito decirte algo muy importante, ¿puedo pasar?

—Claro, pasa, siéntate.

—No tengo mucho tiempo, me escapé del hospital cuando por fin obtuve tu dirección, pero una vez que te dé el mensaje debo regresar ahí.

—¿Qué es tan importante Julián? Dime.

—Primeramente, quiero decirte que cuando te conocí me enamoré de ti perdidamente desde la primera vez que te vi y que esa única vez que estuvimos juntos me dolió mucho que estuvieras pensando en alguien más, aún recuerdo el nombre que se te escapó: Nando dijiste, no una sino varias veces y pues bueno, entiendo que me tocó perder, así como antes perdieron otros conmigo y sé que no tiene caso ni mencionarlo, pero quería que lo supieras... Lo que en verdad sí es importante y que vine a decirte es que esto que ves en mí es una enfermedad muy triste y quise advertirte sobre ella.

—¿Qué enfermedad es y por qué me adviertes de ella?
—Es SIDA.

Al escuchar eso, José sintió que se le hundía el piso y también Nando que escuchaba desde la habitación a un lado de la sala.

—Dime que lo contrajiste después de estar conmigo, ¡por favor! —José suplicaba una respuesta favorable.

—Lamentablemente lo contraje antes, pero te juro que no lo sabía. Semanas después de estar contigo me enteré que una pareja que tuve había muerto de eso e inmediatamente me analicé y resulté positivo, aparte de ti contagié a dos personas más, obviamente sin darme cuenta. Es urgente que te analices porque no usamos protección y es muy probable que te haya contagiado.

—¿Protección? ¿Qué iba yo a saber de protección? Esa fue mi primera y única vez y sinceramente no tenía idea momentos antes de que eso pasaría.

—De hecho, tengo que confesarte que yo dispuse de toda la situación para que sucediera, me aproveché de tu inocencia y falta de experiencia en estas cosas, incluso puse algo en tu bebida para provocarte el deseo y asegurar tu disposición. Perdóname, no sabía el daño que te haría, solo pensé en mí.

Cuando Nando escuchó eso, salió de la habitación y dirigiéndose a José lo abrazó fuerte y tiernamente.

—¿Tú eres Nando? ¡Vaya eres muy joven! ¿Escuchaste lo que le dije a José? También debes checarte lo antes posible.

—No es necesario, José me protegió todo el tiempo, ahora lo entiendo bien.

—Perdónenme los dos por el daño que les he causado y por si les he afectado para toda la vida... Siquiera ustedes se tienen entre sí, yo moriré solo como un perro, sin nadie que se preocupe por mí, Nando por favor valora el amor y la fidelidad que te tiene José, él te ama demasiado, si lo sabré yo.

En la primera oportunidad José y Nando se realizaron los estudios pertinentes resultando positivo para José y negativo para Nando, en pocos meses a pesar de los tratamientos, la salud de José se iba deteriorando visiblemente. Nando lo acompañó en todo momento, nunca lo dejó solo a diferencia de la familia de José que, al enterarse de todo, renegaron de él y jamás le volvieron a hablar, así que desde el momento en que José ya no pudo trabajar, Nando se ocupó de hacerlo por los dos. Una noche antes de dormir, oraron y tuvieron una conversación especial.

—Nando, mi amor, gracias por todo lo que haces por

mí. Me da vergüenza que tengas que ocuparte tú solo de la casa y hasta de mí.

Nunca pensé que esto podría ocurrirme y comprendo que es muy pesado para ti, así que como te lo he dicho antes, si quieres puedes irte y rehacer tu vida, tienes un futuro brillante y no quiero ser la causa de que lo pierdas o de que tu vida sea gris. Perdóname por favor y mil gracias por, a pesar de todo estar conmigo.

—No agradezcas, eso es lo que hacen las personas que se aman y yo te amo. Y pues es cierto que trabajo, pero también tú contribuyes mucho con esa herencia que recibiste de ese tío que no conoces.

—¿Aún me amas con todo y mi condición? ¿aún cuando en realidad nunca consumamos nuestro amor?

—Te amo más que nunca, acuérdate de la frase que nos marcó a los dos en algún momento "el amor no se discute" supongo que a esto se refería Saulo cuando hablaba de amor verdadero y en cuanto al sexo, tú eres quien ha insistido en no tenerlo, nuestras investigaciones nos llevaron a concluir que con protección adecuada es posible evitar el riesgo de infección.

—Sí mi niño, pero también sabemos que no es cien por ciento seguro, nunca te expondría a pasar por esto que yo estoy viviendo, le agradezco a Dios porque fui yo y no tú quien lo padezca, prefiero mil veces sufrirlo yo a permitir que tú lo sufras, mi vido, ¿te acuerdas cuando te dije así por primera vez? Fue algo espontaneo y natural y se nos quedó, mi vido hermoso.

—Sí mi vido. No te niego que constantemente deseo que hagamos el amor, precisamente porque te amo, pero respetaré tu decisión porque mi prioridad con o sin sexo es que tú estés bien, lo mejor posible. Sueño con el día que descubran la cura para esta maldita enfermedad y entonces nos desquitaremos, haremos el amor todo el día, todos los días. —José sonrió melancólicamente.

—Pronto voy a morir y necesito que en el futuro seas muy feliz, prométeme que serás feliz, por favor, prométemelo.

—No digas eso, vivirás muchos años y estaremos juntos todo ese tiempo y seremos felices, nos iremos de vacaciones y conoceremos lugares y...
José interrumpió, ahora sus ojos estaban llenos de lágrimas.

—Por favor, necesito que me lo prometas, dime que conocerás a alguien que cuidara de ti y tú le cuidarás y se protegerán juntos de las cosas malas de este mundo. Nando, dímelo te lo ruego, necesito oírtelo decir, no me quiero ir pensando que estarás solo y triste, no quiero eso nunca para ti.

—¡Oh mi amor! No me digas eso, dime que no te irás, por favor no te vayas, no me dejes solo, te necesito para vivir. —Nando cayó de rodillas cubierto de llanto y se abrazó a las piernas de José, quien lo tomó del rostro y mientras combinaban sus lágrimas le dijo con profunda tristeza y amor:

—Si tan solo pudiera garantizarte la felicidad, si tan solo pudiera asegurarme de que estarás bien y feliz todo el tiempo que te quede de vida, que espero sea mucho y disfrutes y vivas al máximo y crezcas en todos los sentidos y que seas como siempre has sido, el mejor en lo que hagas y que quien te vea te admire y te respete por conocer lo especial y maravilloso que eres.

El tiempo era cruel y pasaba sin tregua, José estaba inquieto y le pidió a Saulo que fuera a verlo, él llegó en un día que José estaba solo y había tenido una fuerte recaída de salud, así que se encontraba postrado en cama.

—Gracias por venir Saulo, bienvenido, siéntase cómodo.

—Supe lo que te pasó hombre, que lamentable noticia.

—Diría que estoy condenado a nunca ser feliz, pero mentiría, estos años al lado de Nando han sido extraordinarios a pesar de mis circunstancias, Nando resultó ser un muchacho muy maduro y muy responsable para su edad y a diferencia de mi familia que me cerró las puertas totalmente, solo él me ha apoyado en todo, ¡ah! y un tío que salió no sé de dónde y me heredó una muy fuerte cantidad de dinero... Le pedí a usted que viniera porque necesito su consejo, si bien es cierto que soy o somos felices —eso espero de Nando— sé que moriré en cualquier momento y necesito en la medida de lo posible garantizar que Nando viva la mejor vida que pueda vivir, sé que hay mucha gente mala que pudiera aprovecharse de él y sus sentimientos nobles y por otro lado hasta ahora no nos hemos involucrado en lo que es el mundo gay, nos hemos mantenido aparte, viviendo independientes de eso, así lo decidimos y así lo hemos hecho, yo no conozco ese mundo, ignoro muchas cosas de esos ambientes pero más que eso quisiera que usted me hablara más a profundidad del tema, quisiera entender para dejarle a Nando bases sólidas cuando yo ya no esté.

—Pues dime, ¿exactamente qué te gustaría saber?

—Todo, lo más posible de la naturaleza de esta condición, qué sucederá con nosotros después de esta vida, ¿por qué solo algunos tenemos estos sentimientos? ¿Habrá la posibilidad de encontrarnos con las personas que amamos en otra vida? Por favor, instrúyame al respecto.

—Bueno, veo que estás listo para que te diga lo que investigando aquí y allá aprendí y tomé y con esas bases fui armando mi teoría personal acerca del por qué un porcentaje de los seres humanos tiene esta característica de atracción hacia el mismo sexo. Al parecer, antes de que existiéramos con esta forma corpórea, no me refiero al espíritu sino aún a antes del espíritu, cuando existíamos pero no teníamos la forma corporal que ahora poseemos, allá coexistíamos en una unidad eterna, aunque también éramos seres individuales y con la capacidad de sentir, pensar y elegir, fuimos parte de un todo unido, pero conservábamos nuestra individualidad, te haré una comparación un tanto burda pero entendible para lo que quiero explicar; "el semen", es una sustancia en sí misma, pero está compuesto por millones de espermatozoides, pues así era allá hasta que alguien superior —Dios— nos habló y nos dijo:

—Voy a darles la oportunidad de separarse de la unidad que es todo lo que conocen, podrán reconocerse a sí mismos y a otros, experimentarán la separación, la distancia y el tiempo. Podrán crecer y obtener ciencia o conocimiento más allá de lo que hoy pueden siquiera imaginar, ¿quién quiere venir?

—Muchos desearon experimentar, pero había situaciones importantes que considerar. Dios les extendió la información:

—Voy a necesitar ejércitos de ustedes que representen diferentes reinos: humanos, animales, vegetales y también lo inanimado.

—El ser superior nos explicó las diferentes funciones, obligaciones, responsabilidades y derechos, así como el destino final y las recompensas que en cada reino se podrían alcanzar y obtener. Así todos y cada uno eligió pertenecer a uno de los diferentes reinos, Dios jamás obligaría o forzaría ni tampoco impediría a ninguno de nosotros lo que quisiéramos ser o hacer, desde entonces el albedrío o sea, la libertad de elegir ya era una doctrina sagrada. Así pues, unos eligieron ser hijos de Dios y serían hechos a su imagen y semejanza y por increíble que parezca, otros prefirieron ser perros o gatos o aves o cualquier cosa en la basta diversidad que había para elegir y decidieron ser eso porque en su elección de ser, residía su gozo y su mayor alegría. Se respetó la decisión de cada uno porque fue tomada con su propia y libre voluntad y elección.

Con respecto al tema que nos ocupa, fue exactamente lo mismo, los que decidieron ser hijos de Dios, también reafirmaron su sexualidad, es decir, si iban a ser hombres o mujeres ¿y qué crees? Algunos decidieron no decidir, querían ser ambos o bien ser uno, pero experimentar el otro, ellos así lo eligieron, fue su decisión por sus razones particulares y personales, así quisieron ser y fue su elección, no de Dios, Él respetó eso y lo sigue respetando hasta el día de hoy y siguen siendo sus creaciones y siguen siendo sus hijos y los sigue amando igual que ama a todos los que eligieron ser lo que son.

De esta manera se cumple el plan perfecto de la divinidad y de un Padre y Creador amoroso, comprensivo y perfecto, de ahí que todos cumpliremos con la medida de nuestra creación, según lo que cada uno deseó y quiso, en ser y para ser creado.

José cuestionó:

—¿Cuál es la recompensa entonces? Si es así, ¿para qué esforzarse?

—La recompensa reside en la experiencia misma, la existencia es por y en sí misma un júbilo como sea que se presente y sean cuales sean las circunstancias. Ahora que el esfuerzo por ser lo mejor que puedas ser es un instinto natural en el ser humano, debemos esforzarnos simple y sencillamente porque es un llamado de nuestra naturaleza y herencia espiritual. En cuanto a la homosexualidad, es tan antigua como el mundo mismo, siempre en todas las épocas ha habido personas que nacieron así porque así lo eligieron antes y era algo normal y aceptado, el morbo y el rechazo hacia la homosexualidad originalmente no existían, fue un invento del enemigo cuando se dio cuenta de que con eso podía generar separación, temor, resentimientos, odio, etcétera., no solo en la sociedad en general sino también en lo individual; el autorrechazo, la inseguridad, la baja autoestima, el sufrimiento por sentirse diferente, el enemigo gana mucho con eso porque destruye el verdadero propósito y finalidad de la existencia, el cual es: "SER FELIZ". Debemos ser felices todos, sin importar nuestra condición, debemos saber que en algún momento cada uno eligió ser lo que ahora es y que eso está bien, siempre y cuando en la práctica no dañes a otros y por supuesto a ti mismo.

—¿Y qué hay de las Santas Escrituras que denuncian la homosexualidad, la condenan y la tachan de un pecado?

—Debemos aprender a leer y ver más allá de lo que está escrito. Las escrituras dicen la verdad, pero es una verdad dirigida a los que allá eligieron ser hijos de Dios a su imagen y semejanza, en todo sentido, ¿puedes verlo?

—Pero, ¿entonces las escrituras no son para los homosexuales?

—Las escrituras son para todos en el sentido de que están al alcance de quien desee escudriñarlas y porque las elecciones alguna vez tomadas no son definitivas, en cualquier momento puedo decidir cambiar lo que quise ser antes, entonces las escrituras están ahí para todos pero no todos las entenderán y aceptarán, pero si alguien que antes decidió algo diferente cambia y decide convertirse en hijo de Dios a su imagen y semejanza en todo sentido, entonces es bien recibido y automáticamente su naturaleza y comportamiento cambian y no es que antes haya sido malo o incorrecto o pecador, no, sino en términos de lo que eligió ser se aplican diferentes estándares, reglas, principios, etcétera., para que mejor me entiendas, un árbol no puede entender las reglas que rigen a un perro porque simple y sencillamente son diferentes naturalezas, así es con todo. Y de esa manera si las escrituras dicen: "no heredarán los cielos los que se echen con varones" no es tanto una declaración condenatoria o intolerante o racista, ni siquiera homofóbica, se trata más bien de un recordatorio para aquellos que allá eligieron ser u hombres o mujeres y que estuvieron dispuestos a mantenerse así pero que por cuestiones de la vida quizá puedan confundirse. Necesito que me entiendas cuando te digo que en aquel tiempo de la primera decisión los que quisieron nacer con un cuerpo pero experimentar los sentimientos y emociones del otro sexo, supieron perfectamente cual era la consecuencia de su elección con sus alcances y límites y aún así, quisieron ser lo que hoy son, igualmente todo lo creado, los reinos todos y cada uno eligió en base a su voluntad y libre decisión, sabían que para ellos simple y sencillamente no habría más progreso y así lo aceptaron, saber eso no cambió su elección. Hoy la vida es un reflejo de las decisiones tomadas allá y te aseguro que si le preguntas a alguien que es de origen homosexual si nació así, te dirá que sí y sus padres confirmarán su comportamiento desde su más temprana edad y si le preguntaras a esa misma persona si cambiaría lo que es, te diría que no, que es feliz así y que no se arrepiente de nada y que a lo mejor ha enfrentado muchas cosas en contra pero que es su naturaleza... y tiene razón, es su naturaleza y esencia y, ¡está bien! Ahora, tan factible le es —ojo, dije factible, no fácil—a un gay renunciar a serlo y cambiar a lo que quiera ser, como a un heterosexual de toda la vida renunciar a lo que es y cambiar a lo que quiera ser, porque el albedrío es una constante eterna e inmutable, al alcance siempre de todos los hijos de Dios.

—Así como lo expresa da a entender que una pareja homosexual está condenada a nunca estar con Dios.

—Pues quizá sea lo que algunos entiendan, pero la realidad es que Dios es universal y no hace diferencia en las personas, Dios no está lejos de nadie, es el hombre quien se aleja con sus decisiones de Él, lo explicaré así para todos, gais o no, aplica igual a todo el mundo:

De los pies a la cabeza Dios representa un 100 %.

Los que viven al 10 % de su capacidad para acercarse a Dios tienen acceso a la luz de sus pies.

Los que viven al 30 % de su capacidad tienen acceso hasta sus rodillas.

Los que viven al 50 % de su capacidad tienen acceso hasta su cintura.

Los que dan el 70 % tienen acceso a hasta su pecho.

Y los que dan el 100 % tienen acceso a la total presencia de Dios y eso es justo.

Ahora, ¿por qué alguien que decidió —respetuosamente— vivir una vida homosexual no puede acceder al 100 % de la luz de Dios? Pues porque decidió por sí mismo, por su voluntad y elección no ser a su imagen y semejanza en una clave muy importante y crucial: "La continuidad de la vida" ¿Puedes verlo? Uno de los nombres de Dios lo dice todo: Dios es Nuestro "Padre" Celestial.

—Entonces, ¿me está diciendo que es mejor quedar solo a formar una pareja con alguien del mismo sexo y condenarte a la soledad y el sufrimiento?

—Lo doy como mi opinión, que, al unir tu vida con

alguien de tu mismo sexo, automáticamente estás renunciando al poder creativo de dar vida y le estás diciendo a Dios: "no quiero ser como Tú, ni hacer lo que Tú haces, ni vivir la clase de vida que Tú vives". En cambio, si te quedas solo, por la decisión de querer acercarte a Dios, siempre tendrás la oportunidad de acceder a la paternidad o maternidad con todo lo que eso implica. Por otro lado, debo decir que también la felicidad y el sufrimiento son elecciones, puedes tenerlo todo y decidir ser infeliz y amargado o puede faltarte un pie o los dos o una mano o las dos o puede faltarte la mitad de tu cuerpo y ser muy, muy feliz. Muchos descubren tarde que la felicidad no está al lado de una persona ni en vivir algún estilo de vida, no, la felicidad es realmente el auto-conocimiento y la auto-aceptación y vivir el amor en ti, porque cuando lo vives en ti no tienes necesidad de que alguien más llene tus espacios vacíos, entonces puedes estar solo y ser feliz, esa es una decisión privada y muy personal. Ni Dios, ni la sociedad, ni tu familia ni nadie son culpables o responsables de tu sufrimiento, es por como tú concibes la vida y tus experiencias, así es esto mi querido amigo.

—Entonces, ¿no hay esperanzas de que algún día las religiones acepten parejas gais y les permitan participar de los sacramentos?

—Eso no lo puedo responder yo, pero si bien estas parejas pueden entrar a las iglesias y participar, en lo personal no le veo que eso tenga caso, otra vez, no por discriminación sino por respeto a las decisiones que cada quien ha tomado, "zapatero a sus zapatos" el que una persona gay o una pareja de gais no participe de los sacramentos no es tanto una prohibición sino más bien un respeto a la decisión que han tomado y también respeto a la decisión de los que sabiendo lo que hacen participan activamente de la iglesia, los sacramentos y todas sus actividades, estas personas están dispuestas a obedecer entre otros, el mandamiento que dice: "multiplicaos, henchid la tierra y sojuzgadla" por eso están ahí y participan, ir a ese lugar les recuerda sus compromisos, convenios, metas y objetivos. Y eso merece el respeto de los que no han hecho esos mismos convenios ni están dispuestos a hacerlos nunca.

—¿Y qué me dice de que las parejas gais puedan adoptar?

—Pueden hacerlo, pero no es lo mismo engendrar que agendar, natural que artificial, original que imitación o invento, biología que laboratorio, crear que criar.

—¿Me está diciendo que no está bien adoptar?

—En lo absoluto, en la mayoría de los casos la adopción es otra forma de crear lazos de amor trascendentes, legales y reconocidos por los hombres y por Dios, el amor no se discute. Me refiero más bien a la capacidad que como pareja tengan de dar vida, refiriéndonos al caso de las parejas gais, el no tener progenie biológica es la consecuencia de una decisión tomada y no se debe ni se puede culpar a Dios u otras personas de eso.

—Todo lo que me dice me suena razonable y lógico, pero, ¿qué hago con lo que siento por Nando? Si realmente lo amo, me gusta, lo deseo tal como un hombre heterosexual desea a una mujer y viceversa... ¿Qué hago con eso?

—Otra vez José, "el amor no se discute", lo que sientes por él es muy real y no podría ser malo porque el amor es la esencia de la vida, de allá venimos todos, de esa unión de que te hablé antes, allá estuvimos tan cerca y tan unidos que es imposible que ese sentimiento no trascienda universos, mundos, tiempos, edades y distancias. José, si lo amas, ámalo y nunca trates de reprimir el amor porque se desborda y te causará conflicto, si lo amas, ámalo más y más y encausa ese amor, dale dirección y que fluya naturalmente. El deseo sexual es otra cosa, hay una línea muy delgada entre ese amor eterno que experimentábamos en esa unidad —algunos le llaman erróneamente, el hilo rojo— y el deseo sexual; suelen confundirse, pero no son lo mismo, este hilo rojo tiene una fuerza poderosa llamada "destino", nos atrae y une irremediablemente en un sentimiento de amor y unidad eterna, pero la ignorancia nos hace creer que se trata solo de un deseo carnal y cuidado con eso, sé por experiencia propia que tratándose de la carne, el deseo sexual es un impulso muy poderoso, solo algunos realmente valientes pueden dominarlo y siempre, siempre, siempre será tu decisión practicarlo o no.

—Ahora tengo más claras las cosas Saulo, gracias por venir y ayudarme a aclarar mis ideas y sentimientos.

—Por último José, déjame decirte que las ciudades Sodoma y Gomorra fueron edificadas de común acuerdo por los pueblos de aquel entonces para que las personas no heterosexuales las habitaran y vivieran libre y sin prejuicio alguno su sexualidad, esto porque empezó a crecer la discriminación y el rechazo que no había antes, así que para proteger a las personas se propuso esta idea y se aceptó bien.

—Pero finalmente esas ciudades fueron destruidas, supongo que por su modo de vivir.

—La mayoría de las personas cree que Sodoma y Gomorra fueron destruidas por sus preferencias sexuales y su correspondiente modo de vivir, pero la realidad es que no fue así, de hecho, la idea era que si tenías ese estilo de pensar y sentir, vivieras con tu pareja y fueras feliz y así fue los primero años, pero lamentablemente la gente no se conformó y empezaron a vivir desenfrenadamente, no respetaron ni fueron fieles a sus compromisos y todo se salió de control, entonces fueron destruidos por dos razones principales; la primera y más importante es que siendo ampliamente bendecidos con lo material, con riquezas de toda clase y abundantemente, aún así, rechazaron a todos lo que llegaban a ellos en busca de asilo y protección, negaron de sus bienes a los necesitados en muchas ocasiones y prefirieron derrochar sus ganancias en libertinajes desenfrenados que en ayudar a sus semejantes. Y segundo, perdieron tanto el control de sus leyes y estatutos que la depravación sobrepujó su forma de vida, al grado que la infidelidad se generalizó y no les bastó con "conocer" a los habitantes de sus ciudades, sino que a los extraños que llegaban a sus fronteras los condicionaban a vivir entre ellos a cambio de prostituirlos entre todos y en ese modo de vida nunca les era suficiente.

—¿Entonces la razón principal por la que fueron destruidas esas ciudades fue por negar de sus bienes a los pobres?

—Es correcto y mi opinión personal y quizá propuesta es que hoy en día pudiera funcionar bien el concepto original de establecer ciudades que sirvan de habitación para la parte de la sociedad que desee vivir este estilo y forma de vida, ¿por qué? Simple y sencillamente porque merecen libertad de expresión, comprensión y desenvolverse en un ambiente propio y seguro, no extraño ni enjuiciante, pero esa es mi postura, habrá quien esté de acuerdo y también quienes no, todo se respeta.

Saulo se despidió de José, quien se quedó totalmente pensativo y reflexivo, incluso lloró porque pensaba que le quedaba poco tiempo de vida y le hubiera gustado vivir mucho tiempo al lado de Nando para disfrutar y conocer juntos más de la apreciable y maravillosa vida.

CAPÍTULO 11

El amor lo puede todo

José nunca le dijo a Nando de la visita de Saulo ni de lo que hablaron ese día, lo guardó en su corazón para él. Los dos trataban de llevar una vida lo más normal posible pero no había noche que no pensaran en la trágica, cercana y certera muerte, así, cada noche se abrazaban y lloraban juntos hasta que el sueño los vencía... Pasaban los días, las semanas y los meses ya entre camas de hospital y la casa; en su convalecencia José notó que una enfermera joven y muy bonita sentía atracción por Nando, así que la investigó y resultó ser la persona más adecuada para acompañar a Nando cuando él ya no estuviera, le contó a ella toda su historia y le sorprendió la madurez con que reaccionó, se mostró interesada en la situación y manifestó que aún sabiéndolo todo, seguía interesada en Nando.

Un día que tocó estar en el hospital, José intentó acercar a Nando con Angélica, ese era el nombre de la enfermera joven y muy bella, que se interesaba sinceramente en la situación de José y Nando.

—Nando ¿ya notaste lo bonita, especial y simpática que es Angélica?

—¿No te gustaría tratarla, conocerla?

—¿Quién es Angélica? ¿Por qué de pronto me dices eso?

—Angélica es la enfermera en turno, es muy atenta y servicial.

—¿Sí? No sé, he visto varias enfermeras, la verdad no sé cuál de ellas sea Angélica.

Y de esa manera José inició una campaña de cupido entre Angélica y Nando, un día que los tres estaban juntos en el cuarto del hospital José los presentó.

—Nando, mira, ella es Angélica de quien te he estado hablando.

—Hola, sí, extrañamente me ha estado hablado mucho de ti, soy Nando.

—Mucho gusto Nando, ¿cómo estás?

—Pues aquí ya ves, un poco preocupado por este hombre ya ves que a veces no quiere comer.

—Me siento genial Angélica, ¿estás terminando tu turno verdad? Y tú Nando, seguramente no has comido, ¿por qué no van y comen juntos? y así se conocen un poco más. —En ese momento Nando se dio cuenta de la intención de José y no escuchó más, solo se fue azotando la puerta.

—Discúlpalo por favor Angélica, no quiso ser grosero, pero no le gustó que le dijera eso ya se dio cuenta de qué es lo que quiero.

—No te preocupes yo entiendo, descansa, las cosas pasaran si tienen que pasar, no hay que forzar nada.
Momentos más tarde, Angélica encontró a Nando en uno de los pasillos, sentado en una banca y llorando

—Lamento la situación, Nando.

—Discúlpame, no quise ser grosero allá adentro.

—No te preocupes por mí, pero sí te aconsejo que vayas y hables con José y trata de entenderlo, está muy preocupado por ti.

—La verdad me cuesta trabajo entender que él mismo

me pida conocer a alguien más sabiendo perfectamente cuánto lo amo, él sabe que es toda mi vida.

—Hace eso precisamente porque te ama tanto como tú a él o quizá más, su intención es que cuando él ya no esté o si es posible antes, tú te rodees de personas que te quieran y estén pendientes de ti.

—Sí, pero yo lo amo a él, es todo mi mundo y siento que mientras viva debo ser fiel a mis sentimientos y a él.

—Él sabe eso muy bien y es muy feliz por ti, por tu gran amor y tu fidelidad a toda prueba, pero también cree que posiblemente sean sus últimos días y está dispuesto a olvidarse de él mismo si ese es el precio de verte bien y feliz.

—Qué difícil situación para los dos, tanto para él como para mí, creo que entiendo lo que me quieres decir, pero, ¿qué puedo hacer?

—Trata de asimilar su postura, escúchalo, hazlo sentir bien, lo mejor que puedas ya que eso prolongará su bienestar y su vida.

Nando siguió el consejo de Angélica y se prestó a conocer personas y a relacionarse más con su propia familia y antiguos amigos. José por su lado procuraba que Angélica y Nando convivieran y se conocieran.
Así pasaron las semanas hasta que un día Nando estando en su trabajo recibió una llamada de Angélica.

—Es necesario y urgente que vengas al hospital, José está muy mal.

Era el 26 de abril del 2020, José fue de las primeras personas en adquirir un virus extraño y relativamente nuevo en el país, aún no se sabía mucho de esa enfermedad, no supieron dónde y cómo contrajo el virus, pero fue en realidad lo que agravó en cuestión de muy poco tiempo su salud, tenía sus defensas muy bajas. Nando dejó todo en ese momento y se fue corriendo al hospital, en su corazón presentía que había llegado el final. Llegó al hospital y no le permitían la entrada a la habitación donde se encontraba José.

—Por favor, déjenme pasar, soy todo lo que tiene. —Nando suplicaba al personal en turno. Angélica se dio cuenta de lo que pasaba e intercedió para que lo dejaran pasar, ella entró con él.

—Nando, te estaba esperando, no podía irme sin despedirme, ven, acércate, dame tu mano... necesito decirte que fuiste, eres y serás el único amor de mi vida y de mi eternidad. Ya me voy mi amor, pero te llevo en mi corazón para siempre.

—José, llévame contigo ¿sí, mi vido? Te lo suplico, llévame contigo.

Las lágrimas rodaban incesantes en los rostros de Angélica, Nando y José, ninguno podía contenerse.

—Aún no es tu tiempo, te pido que te quedes y que seas muy feliz.

—También tú fuiste el único y verdadero amor de mi vida, gracias por el regalo de tu compañía y tu sabiduría, ¿te acuerdas cuando nos conocimos? Desde que te vi la primera vez supe que te amaría para siempre y mira, ¿ves? No me equivoqué.

—Fue un amor a primera vista ¿no? Cómo adoraba verte en tu motocicleta y que cambiaras del casco a tus diferentes cachuchas, así tú siempre, todo guapo, ¡Cómo te he amado desde entonces! ¡Si supieras cuanto te amo!

Una tristeza profunda reinaba en la habitación, Nando lloraba como un niño desconsolado. José se dirigió a Angélica.

—Angélica, ven acércate. Prométeme que cuidarás de

este hermoso niño, te lo encargo muchísimo, trátalo como el ser más valioso y maravilloso que hayas encontrado y conocido, porque lo es, ¿sabes? difícilmente encontrarás a alguien como él, prométeme que lo cuidarás por mí, por favor, te suplico que lo cuides con toda tu alma.

—Te lo prometo, José.

—Nando, mi vido, mi vida, prométeme que conocerás más a Angélica, prométeme por favor que vas intentar amarla y que buscarás ser muy feliz, anda, promételo.

—Te lo prometo, haré todo lo que tú quieras que haga, si ya has decidido irte, vete tranquilo, no sufras más, pero sabe que nunca, nunca, nunca te voy a olvidar, te amo más que a mi vida, ¿si lo sabes verdad?

—Lo sé mi amor, lo sé muy bien. Igual yo, te amé, te amo y te amaré.

Fueron las últimas palabras que José pronunció, tomó las manos de Angélica y Nando y usó sus últimas fuerzas para unirlas sobre su cuerpo.

Nando se echó a llorar sobre el pecho inerte de José, deseaba escuchar latir su corazón como tanto le gustaba hacer, deseaba escucharlo, aunque fuera una vez más, pero fue inútil, José se había ido para siempre.

Nando se quedó en silencio un momento, pero luego, lleno de nostalgia y una tristeza incomprensible, con un llanto que quebraba su voz y sus sentimientos, dijo mientras se llevaba las manos entrelazadas a su frente:

—Mi amor, Joséééé... Espérame, te prometo que pronto te alcanzaré y estaremos juntos para siempre y seremos por fin libres, libres para amarnos... libres y juntos mi vido, dime que me escuchas, dime que me crees, dime que me esperarás por favor, dime, ¡dimeeeee!, dime, por favor, por favor...

Nando bajaba la intensidad de sus expresiones mientras que parecía que caía en un sueño profundo y misterioso, entre un desmayo por el dolor y una deseada muerte.

El funeral dejó ver que más personas de las que creían, aceptaban y apoyaban a José y sus decisiones, así se lo hicieron saber a Nando.

También se acercó un hombre maduro con aspecto sobresaliente, no solo se distinguió por su porte fino y elegante sino por su personalidad fuerte y atrayente, dijo ser tío de José y que al igual que a él, por sus decisiones personales, su familia lo rechazó y le cerraron las puertas de su casa para siempre, incluso borraron su nombre de la familia como si nunca hubiera existido, dijo que mucho tiempo la pasó mal y que estuvo a punto de morir pero que conoció a alguien que lo ayudó a salir adelante y juntos vencieron muchos obstáculos, por eso desde el anonimato apoyó a José, siendo su sobrino y estaba dispuesto a ayudar a todos aquellos que por su orientación fueran rechazados por sus familias y la sociedad. A Saulo le pareció muy familiar esa voz y de hecho ese tío desconocido de José, observaba insistentemente a Laura y Saulo.

El tiempo y Angélica ayudaron a Nando a sobreponerse de la pérdida de José, no fue fácil en lo absoluto, Nando lloraba de cuando en cuando al recordar ese amor tan intenso y maravilloso...

Pasaron un par de años, la vida seguía. Un día, sonó el teléfono de Nando.

—Tienes que venir, ya llegó el momento tan esperado, te paso a Angélica.

—Nando, ven pronto mi amor, está por nacer nuestro hijo ya viene José.

Epílogo

La historia aquí relatada es ficción y no se trata de hacer notar una preferencia o permisividad hacia un estilo de vida u otro, más bien, se trata de colocar a los individuos en el centro mismo de su responsabilidad personal para que decidan con bases y fundamentos lo que mejor les conviene a sus vidas. Principalmente con esta historia se pretende llegar a los corazones que, por circunstancias ajenas a ellos, no pueden libremente expresarse y dar a conocer públicamente sus sentimientos y emociones y menos aún, vislumbrar un futuro deseado por el entorno tan cerrado que les rodea (familiar, social y religioso).

Sepan que no están solos, que Dios los ama y que hay personas preparadas para brindar apoyo y comprensión. Igualmente, a los padres inconformes, se hace una atenta invitación a reflexionar sobre la situación de sus hijos, a no rechazarles ni juzgarles ni mucho menos condenarles porque definitivamente no hay culpables ni responsables de una naturaleza la cual es perfecta tal y como se presenta.

Los siguientes puntos se anotan de una forma clara y directa como refuerzo al contenido de la historia:

Para los que están descubriendo su sexualidad y su orientación LGBT

1.   Tu virtud y pureza personal son muy importantes, igual tu salud física y emocional, protégete de la promiscuidad sexual.

2.   Ser gay no es un pecado.

3.   No eres culpable de absolutamente nada.

4.   No eres anormal, un error o una equivocación de la naturaleza. ¡No, jamás!

5.   Acéptate, reconócete y ámate tal y como eres.

6.   Dios te ama y te acepta por ser tú, no por tus preferencias. Dios te ama exactamente como eres.

7.   Necesitas prepararte para las diversas reacciones de las personas, no todas tienen la inteligencia suficiente para reconocerte y aceptarte.

8.   En la medida de lo posible y cuando te sientas lista o listo, habla de tus sentimientos con alguien —de preferencia uno de tus padres— que crees que te pueda entender, no está bien que sufras por contener y guardar solo para ti tus sentimientos y emociones.

9.   No confíes en cualquiera, hay personas buenas y malas, heterosexuales, homosexuales, etcétera.

10.   Toma decisiones bien pensadas, no te dejes llevar por la soledad, el querer ser aceptada o aceptado o la necesidad de encajar.

11.   Siempre puedes decidir qué clase de vida llevar, piensa bien lo que quieres para tu futuro, haz lo que te haga realmente feliz, pero toma tu decisión basándote en lo que te queda de vida y también en la eternidad.

12.   Si concluyes que eres bisexual, considera la posibilidad de formar una familia tradicional, pero no tengas temor de decir la verdad a tu pareja, te garantizo que gracias a eso, vivirás una mejor calidad de vida. (Sujeto a la madurez y responsabilidad emocional de la pareja).

13.   Si sientes abiertamente y únicamente atracción hacia personas de tu mismo sexo, está bien, busca tu felicidad plena y completa, seguramente la encontrarás, pero sé prudente y formal.

14.   Si sientes abiertamente y únicamente atracción sexual hacia personas de tu mismo sexo, considera el no comprometerte —por presiones sociales, familiares o religiosas— en algo serio con una persona del sexo opuesto, las consecuencias de un intento así podrían ser desastrosas, lamentables y hasta traumáticas para los involucrados.

Para los padres (que sospechan o saben que su hija o hijo es LGBT)

1.   Tu hija o hijo no eligió ser lo que es (no en el sentido de obligar a su biología o esencia a actuar de forma que a ti te moleste).

2.   La homosexualidad no es una enfermedad o un defecto, no es algo malo o pecaminoso.

3.   Su vida es de él o ella y decide sobre su persona. Tu papel es orientar más no imponer.

4.   Nada de lo que hagas cambiará su esencia, el apoyo psicológico solo reforzará más su tendencia natural.

5.   Tu hija o hijo no tiene por qué cubrir tus expectativas, respeta su individualidad, es una persona distinta a ti con sus propios sueños, anhelos y deseos.

6.   Tienes que aprender a aceptarle, incluso a apoyarle.

7.   Mantén la mayor comunicación posible con tu hija o hijo.

8.   Necesitará tu orientación para que no confunda libertad con libertinaje.

9.   Si tú le rechazas, le estás arrojando a una jauría de lobos hambrientos (una sociedad abusiva e intolerante y personas mucho más confundidas que pueden conducirle a la perdición completa —heterosexuales o de la diversidad—).

10.	Esa personita maravillosa se te confió a ti por una razón, actúa sabiamente.

Si hijos o padres necesitan hablar al respecto de estos temas, con todo gusto me encuentran en: franciscotorvan@gmail.com o en el WhatsApp: 8713538739.

BENDICIONES
Paco Torres

DATOS DEL AUTOR

Paco Torres, escritor mexicano y entusiasta de la comunidad LGBT a pesar de no pertenecer a ella. Es casado y tiene dos hijos.

Profesionalmente se licenció en administración y es impartidor de cursos, conferencista y coach de vida certificado.

Además es escritor de poemas, pensamientos, reflexiones, cuentos y novelas cortas.

Índice